Radregion

Rund um Leipzig und Halle

Die schönsten Radtouren in und um Leipzig und Halle

AF203443

VERLAG**ESTERBAUER**

bikeline-Radtourenbuch kompakt
Radregion Rund um Leipzig und Halle
© 2021-2024, **Verlag Esterbauer GmbH**
A-3751 Rodingersdorf, Hauptstr. 31
Tel.: +43/2983/28982-0, Fax: -500
E-Mail: bikeline@esterbauer.com
www.esterbauer.com
2. überarbeitete Auflage 2024
ISBN 978-3-7111-0186-0
Bitte geben Sie bei jeder Korrespondenz die
ISBN an!

Bildnachweis: s. Seite 17

Das *bikeline*-Team: Birgit Albrecht-Walzer, Renata Andrejeva, Katrin Baumhauer, Beatrix Bauer, Michael Binder, Veronika Bock, Petra Bruckmüller, Roland Esterbauer, Dagmar Güldenpfennig, Marie Marquez, Gregor Münch, Mario Nakić, Karin Neichsner, Carmen Paradeiser, Amélie Pommier, Manuel Randa, Petra Schartner, Christina Steinbrecher, Christian Thoren, Isabella Tillich, Martin Trippmacher, Carina Winkelhofer, Martin Wischin, Wolfgang Zangerl

Titelgestaltung: martinveicht.de; Kartographie erstellt mit axpand (www.axes-systems.com)

Vorwort

Im Ballungsraum Leipzig-Halle lässt es sich wunderbar radeln. So werden Sie die Rundwege um die zahlreichen Seen in und um Leipzig und Halle ebenso erfreuen wie die Streckentouren entlang der Pleiße, Weißen Elster, Parthe und Saale. Unterwegs erwarten Sie hübsche Städte wie Merseburg, Weißenfels, Bad Lauchstädt, Grimma, Delitzsch oder Querfurt mit seiner sehenswerten Burg. Erkunden Sie Kunst und Kultur, die Himmelsscheibe von Nebra, diverse Naturschutzgebiete und erfrischen Sie sich in den zahlreichen Seen im Mansfelder Land. Schwingen Sie sich aufs Rad und entdecken Sie Leipzig und Halle.

Präzise Karten, kurze Streckeninformationen, zahlreiche Stadt- und Ortspläne, Hinweise auf das kulturelle und touristische Angebot der Region und ein umfangreiches Übernachtungs- und Serviceverzeichnis – in diesem Buch finden Sie alles, was Sie zu einer Radtour der Region rund um Leipzig und Halle brauchen – außer gutem Radlwetter, das können wir Ihnen nur wünschen.

Kartenlegende

Radrouten

Hauptroute, wenig KFZ-Verkehr
- asphaltiert
- nicht asphaltiert
- schlecht befahrbar

Hauptroute, autofrei / Radweg
- asphaltiert
- nicht asphaltiert
- schlecht befahrbar

Ausflug od. Variante, wenig KFZ-Verkehr
- asphaltiert
- nicht asphaltiert
- schlecht befahrbar

Ausflug od. Variante, autofrei / Radweg
- asphaltiert
- nicht asphaltiert
- schlecht befahrbar

Sonstiges
- sonstige Radroute

- verkehrsreiche Radroute
- Kopfsteinpflaster
- Einbahnführung
- Fährverbindung
- unbekannter Belag
- Tunnel
- Schiebestrecke
- Zugverbindung
- Radweg in Planung
- Radweg gesperrt
- Radstreifen mit Verkehr
- Radstreifen, straßenbegleitender Radweg
- x x x x Straße für Radfahrer gesperrt

- Beschriebene Fahrtrichtung
- **5** Wegpunkt

Steigungen / Entfernungen
- starke Steigung
- leichte bis mittlere Steigung
- 2,4 Entfernung in Kilometern, gerundet

Maßstab 1 : 60.000

1 cm ≙ 600 m   1 km ≙ 1,66 cm

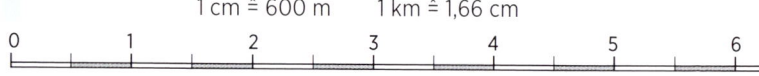

Radinformationen

- Fahrradwerkstatt*
- Fahrradvermietung*
- überdachter Abstellplatz*
- abschließbarer Abstellplatz*
- E-Bike Ladestation
- Infotafel*
- Gefahrenstelle
- Text beachten
- Treppe
- Tragestrecke
- Engstelle*
- ^{17} ^{42} Knotenpunktnummer der Wegweisung*

- Stadt-, Ortsplan

Nur in Ortsplänen

- Parkhaus*
- Theater*
- Post*
- Apotheke*
- Krankenhaus*
- Feuerwehr*
- Polizei*

* Auswahl

Sehenswertes / Einrichtungen

- Kirche; Kapelle
- Kloster
- Synagoge; Moschee
- Schloss, Burg; Ruine
- Turm; Leuchtturm
- Wassermühle; Windmühle
- Kraftwerk
- Bergwerk; Höhle
- Flughafen; Denkmal
- sonstige Sehenswürdigkeit
- Museum
- Ausgrabungen; röm. Objekte
- Tierpark; Natur-Information
- Naturschutzgebiet, -denkmal
- sonstige Natursehenswürdigkeit
- Aussichtspunkt*
- Tourist-Information; Gasthaus
- Unterkunft; Jugendherberge
- Camping-; Naturlagerplatz*
- Einkaufsmöglichkeit*; Kiosk*
- Rastplatz*; Unterstand*
- Freibad; Hallenbad
- Naturbad; Thermal-/Erlebnisbad
- Brunnen*; Parkplatz*

Schönern sehenswertes Ortsbild

7   8   9   10   11   12   13 km

Topographische Informationen

Kirche; Kapelle		Autobahn; Schnellstraße
Kloster		Fernverkehrsstraße
Synagoge; Moschee		Hauptstraße
Schloss, Burg; Ruine		untergeordnete Hauptstraße
Turm; Leuchtturm		Nebenstraße; Fahrweg
Wassermühle; Windmühle		Weg; Fähre
Kraftwerk; Solarkraftwerk		Straße geplant/in Bau
Bergwerk; Höhle		Eisenbahn/Bahnhof; S-Bahnhof
Denkmal; Hügelgrab		Eisenbahn stillgelegt; geplant
Flughafen; Flugplatz		Schmalspurbahn
Windkraftanlage		Bergbahn; Seilbahn
Funk- und Fernsehanlage		Wald; Parkanlage
Umspannwerk, Trafostation		Sumpf; Heide
Wegkreuz; hist. Grenzstein		Weinbau; Gartensiedlung*
Sportplatz, Stadion		Steinbruch, Tagebau*
Golfplatz; Tennisplatz		Friedhof; Düne, Strand
Schiffsanleger; Schleuse		Watt; Gletscher
Quelle; Kläranlage		Felsen; Geröll
Staatsgrenze mit Übergang		Gewächshäuser*, Plantage*
Landesgrenze		Gewerbe-, Industriegebiet
Kreis-, Bezirksgrenze		Siedlungsfläche; öffentl. Gebäude
Naturschutzgebiet, -park, Nationalpark		Stadtmauer, Mauer
Truppenübungsplatz, Sperrgebiet		Damm, Deich
Höhenlinie 100m/50m		Kanal
		Fluss/Staumauer/See

* Auswahl (*selection*)

Inhalt

3 Vorwort
4 Kartenlegende
9 Rund um Leipzig und Halle
15 Zu diesem Buch

18 Tour 1 Pleißeradweg   29,6 km

36 Tour 2 Störmthaler See/Markkleeberger See   34,6 km

44 Tour 3 Zum Cospudener See   25,4 km

50 Tour 4 Neuseenland-Radroute   95,5 km

70 Tour 5 Radroute Zentrum-Kulkwitzer See   26,4 km

74 Tour 6 Elster-Saale-Radweg   28,9 km

86 Tour 7 Auf der Kohle-Dampf-Licht-Radroute nach Delitzsch   27,5 km

94 Tour 8 Rund um Schladitzer und Werbeliner See   37,8 km

102 Tour 9 Parthe-Mulde-Radroute   52,4 km

120 Tour 10 Am Elsterradweg von Leipzig nach Halle   43,7 km

130 Tour 11	Lunzberge und Brachwitzer Alpen	24,1 km
140 Tour 12	Auf dem Himmelsscheiben-Radweg	74,8 km
160 Tour 13	Süßer See- Salziger See Rundweg	31,1 km
166 Tour 14	Reide-Radweg	20,2 km
172 Tour 15	Auf dem Goetheradweg zum Geiseltalsee	34,5 km
184 Tour 16	Geiseltalsee-Rundweg	26,3 km
190 Tour 17	Rundtour Merseburg	35,2 km

202 Übernachtungs- und Serviceverzeichnis
219 Ortsindex

Stadtpläne

Bad Lauchstädt	177	Markkleeberg	37	Querfurt	153
Borna	57	Markranstädt	75	Röblingen am See	148
Delitzsch	95	Merseburg	193	Röblingen am See	161
Giebichenstein	141	Möckern	103	Rötha	30
Grimma	117	Mücheln	185	Schkeuditz	122
Groitzsch	62	Naunhof	112	Schkopau	200
Halle (Saale)	133	Nebra	159	Taucha	106
Leipzig	21	Pegau	63	Weißenfels	83

Rund um Leipzig und Halle

Leipzig und das 38 km entfernte Halle bilden das Zentrum des urbanen Wirtschaftsgroßraumes Mitteldeutschland. Beide Städte sind jedoch auch sehr grün, etwa ein Drittel Leipzigs besteht aus Wäldern, Parks, Kleingärten, Grün- und Sportflächen und auch Halle mit über 7.000 ha Wasser- und Grünfläche ist ein Freizeitparadies. Zahlreiche Seen, Parkanlagen und Wälder in und um Leipzig laden zum Entdecken und Erholen ein. Eine große grüne Ruhezone ist der nur wenige Gehminuten vom historischen Stadtzentrum entfernte Clara-Zetkin-Park, von dem auch einige Touren starten, wie der Pleißeradweg und ein Abschnitt des Elsterradweges.

Halle, die nach Einwohnern größte Stadt Sachsen-Anhalts ist mit mehreren Hochschulen und Forschungseinrichtungen ein wissenschaftliches Zentrum, es ist auch die Geburtsstadt Georg Friedrich Händels. In Sachsen-Anhalt gibt es eine vielfältige Burgen-, Schlösser- und Kirchenlandschaft sowie weitere wertvolle Kulturdenkmale. Ein Highlight ist der ca. 73 km lange Himmelsscheibenradweg, wo man die Geschichte der weltweit wohl ältesten konkreten Himmelsdarstellung entdecken kann. Mit Leipzig zusammen bildet Halle den Ballungsraum Leipzig-Halle. Die sächsische Metropole Leipzig ist ein historisches Zentrum der Wirtschaft, des Handels und Verkehrs, der Verwaltung, Kultur und Bildung. Leipzig liegt am Zusammenfluss von Weißer Elster, Pleiße und Parthe. Die Flüsse sind im Stadtgebiet vielfach verzweigt und von einem großen Auwaldgebiet umgeben. Zahlreiche landschaftlich reizvolle Radtouren entlang dieser Flüsse bieten sich hier an.

Das Landschaftsbild rund um Leipzig und Halle ist vom Braunkohlebergbau geprägt, der im 20. Jahrhundert die

Region beherrschte. Viele ehemalige Tagebaue bilden heute Gewässer und sind beliebte Naherholungsräume geworden, wie der Cospudener und der Kulkwitzer See. Die 17 Touren bieten Ihnen auf rund 700 km eine interessante Mischung aus Natur, Kultur, Industrie und Erholung.

Streckencharakteristik

Länge

Die Gesamtlänge der Hauptradwege beträgt rund **650 Kilometer**. Wobei die kürzeste Tour eine Länge von 20 Kilometern hat und die längste ca. 95 Kilometer misst.

Wegequalität, Verkehr und Steigungen

Wegequalität, Verkehr und Steigungen werden zu jeder der 17 Touren im Detail erklärt. Allgemein kann man jedoch sagen, dass die Wegequalität gut ist. Meist fahren Sie auf asphaltieren Radwegen oder Landstraßen bzw. gut befahrbaren Feldwegen. Nur selten gibt es kurze sandige Strecken oder un-

befestigte Waldwege, selten fahren Sie auf historischem Kopfsteinpflaster.

Das Verkehrsaufkommen ist in den Städten bzw. in Stadtnähe hoch. Die Routen verlaufen jedoch meist abseits des Verkehrs auf Radwegen und durch Parkanlagen. In den Orten fahren Sie öfters auf verkehrsreicheren Straßen. Die Steigungen halten sich in Grenzen. Manche Touren sind leicht hügelig. Insgesamt verlaufen die meisten jedoch weitgehend eben.

Beschilderung

Generell sind die Radwege mit der gängigen Beschilderung (grüne Schrift auf weißem Grund) ausgeschildert, teilweise gibt es zusätzliche Logos für die Regionsrouten. Genauere Informationen finden Sie bei der jeweiligen Tour.

Tourenplanung

Wichtige Telefonnummern

Internationale Vorwahl für Deutschland: 0049

Leipzig Tourismus und Marketing GmbH, Augustenpl. 9, 04109 Leipzig, ✆ 0341/7104260, Fax: 7104271, info@ltm-leipzig.de, www.leipzig.travel

Stadtmarketing Halle (Saale) GmbH, Marktpl. 13, 06108 Halle (Saale), ✆ 0345/122790, Fax: 1227922, info@stadtmarketing-halle.de, www.halle-tourismus.de

Tourismusverein Leipziger Neuseenland e. V., Rathausstr. 22, 04461 Markkleeberg, ✆ 0341/33796718, Fax: 33796719, info@leipziger-neuseenland.de, www.leipzigerneuseenland.de

Tourismusverband Sächsisches Burgen- und Heideland e. V., Niedermarkt 1, D-04736 Waldheim/Sa., ✆ 0049/34327/9660, Fax: 96619, info@saechsisches-burgenland.de, www.saechsisches-burgenland.de

Saale-Unstrut-Tourismus e. V., D-06618 Naumburg, Lindenring 34, ✆ 03445/233790, Fax: 233798, info@saale-unstrut-tourismus.de, www.saale-unstrut-tourismus.de

IMG – Investitions- und Marketinggesellschaft Sachsen-Anhalt mbH, D-39104 Magdeburg, Am Alten Theater 6, ✆ 0391/568990, Fax: 0391/5689950, tourismus@img-sachsen-anhalt.de, www.sachsen-anhalt-tourismus.de

An- und Abreise mit der Bahn

Sowohl Leipzig als auch Halle sind sehr gut in das deutsche und internationale Verkehrsnetz eingebunden und somit von den meisten größeren deutschen Städten umsteigefrei zu erreichen.

Die An- und Abreise zu den Touren, die nicht direkt in einer der beiden Städte starten, finden Sie bei den Streckencharakteristiken der jeweiligen Tour.

Aufgrund der sich ständig ändernden Preise und Bedingungen für Fahrradtransport bzw. -mitnahme empfehlen wir Ihnen, sich bei nachfolgenden

Infostellen über Ihre ganz persönliche Anreise mit der Bahn zu informieren.

Informationsstellen

Deutsche Bahn AG, Reise-Service:
☎ 0180/6996633 (€ 0,20 pro Anruf aus dem Festnetz, Tarif bei Mobilfunk max. € 0,60 pro Anruf), Mo-So 0-24 Uhr, Auskünfte über Zugverbindungen, zur Fahrradmitnahme, Fahrpreise im In- und Ausland, Buchung von Tickets und Reservierungen, www.bahn.de, www.bahn.de/bahnundbike

Automatische DB-Fahrplanauskunft: ☎ 0800/1507090 (gebührenfrei aus dem Festnetz)

Österreichische Bundesbahnen:
ÖBB Kundenservice ☎ 05/17175 (österreichweit zum Ortstarif), www.oebb.at

Schweizer Bundesbahnen:
Rail-Service ☎ 0041/848446688 (CHF 0,08/Min.), www.sbb.ch

Fahrradversand

Deutsche Bahn AG (innerhalb Deutschlands sowie zwischen Deutschland und Österreich)

Wenn Sie mit der DB an- und abreisen, können Sie den Gepäckservice der DB nutzen. Ihr Rad oder E-Bike wird im Haus-zu-Haus-Versand an den vereinbarten Zielort gebracht, wenn Sie im Besitz einer entsprechenden Bahnfahrkarte sind. Fahrrad oder E-Bike müssen verpackt werden und dabei roll- und lenkbar bleiben, Gewicht max. 31,5 kg. Kostenlos kann eine Fahrradverpackung zugebucht werden, bei E-Bikes muss der Akku ausgebaut sein. Informationen und aktuelle Preise finden Sie unter www.gepaeckservice-bahn.de.

An- und Abreise mit dem Fernbus

Viele Fernbusunternehmen bieten auf ihren Strecken eine Radmitnahme an. Aufgrund der großen Anzahl von Fernbuslinien und -unternehmen informieren Sie sich bitte im Internet z. B. unter www.fernbusse.de.

An- und Abreise mit dem Auto

Die Autobahn A 14 führt von Mecklenburg-Vorpommern nach Halle (Saale) und Leipzig. Die A 9 verbindet Berlin, München, Nürnberg und Ingolstadt mit Leipzig. Die A 38 zweigt südlich von Göttingen ab und führt in den Raum Halle (Saale) und Leipzig.

Rad & Bahn

Die Fahrradmitnahme ist im Gebiet des Mitteldeutschen Verkehrsverbundes sowie bei Verkehrsunternehmen OBS, PNVG im Saalekreis und PVG im Burgenlandkreis ist generell kostenlos (www.mdv.de). In den Städten Halle und Leipzig ist für die Fahrradmitnahme der Fahrpreis einer Extrakarte nach durchfahrenen Tarifzonen zu entrichten, für die Tarifzone Halle gibt es zusätzlich die Fahrradmonatskarte Halle. Fahrplanauskünfte für den öffentlichen Personennahverkehr in Sachsen-Anhalt und im Mitteldeutschen Verkehrsverbund (MDV) finden Sie auf www.insa.de oder unter der Nummer ☏ 0391 5363180.

Übernachtung

Bei unseren Recherchen haben wir eine größtmögliche Auswahl an Übernachtungsmöglichkeiten für Sie zusammengestellt. Für alle, die Alternativen oder einfach noch mehr Anbieter suchen, gibt es nachfolgende Internet-Adressen, die auch Beherbergungen anderer Art anbieten:

Der ADFC-Dachgeber funktioniert nach dem Gegenseitigkeitsprinzip: Hier bieten Radfreunde anderen Tourenradlern private Schlafplätze an. Mehr darüber unter www.dachgeber.de

Das **Deutsche Jugendherbergswerk** stellt sich unter www.djh.de mit seinen vierzehn Landesverbänden vor.

Auch die **Naturfreunde** bieten mit ihren **Naturfreundehäusern** eine Alternative zu anderen Beherbergungsarten an, mehr unter www.naturfreunde.de

Die Plattform Airbnb bietet die Möglichkeit, weltweit private Unterkünfte zu suchen und zu buchen. Infos dazu und Anbieter finden Sie auf: www.airbnb.com

Unter www.camping.info finden Sie flächendeckend den **Campingplatz** nach Ihrem Geschmack.

Weiterhin bietet **Bett+Bike** unter www.bettundbike.de zusätzliche Informationen zu den beim ADFC gelisteten Beherbergungsbetrieben in ganz Deutschland.

Reisezeit

Die Hauptreisezeit in der Region beginnt im Mai und endet mit Oktober, in dieser Zeit haben alle Gastgeber und die gesamte Gastronomie geöffnet. In den Städten ist alles das ganze Jahr über geöffnet.

Mit Kindern unterwegs

Die Touren in und um Leipzig und Halle sind großteils flach und führen oft auf verkehrsfreien Routen. Sie sind somit auch für Familien mit Kindern gut geeignet.

Zu diesem Buch

Dieser Radreiseführer enthält alle Informationen, die Sie für Ihre Radtouren rund um Halle und Leipzig benötigen: Exakte Karten, ein ausführliches Übernachtungs- und Serviceverzeichnis, Stadt- und Ortspläne und die wichtigsten Informationen zu touristischen Attraktionen und Sehenswürdigkeiten. Und das alles mit der **bikeline-Garantie**: die Routen in unseren Büchern sind von unserem professionellen Redaktionsteam auf ihre Fahrradtauglichkeit geprüft worden.

Um höchste Aktualität zu gewährleisten, nehmen wir Korrekturen von Lesern bzw. offiziellen Stellen bis Redaktionsschluss entgegen, die dann jedoch teilweise nicht mehr an Ort und Stelle verifiziert werden können.

Die Karten

Die Detailkarten sind im Maßstab 1 : 60.000 erstellt. Dies bedeutet, dass 1 Zentimeter auf der Karte einer Strecke von 600 Metern in der Natur entspricht. Zusätzlich zum genauen Routenverlauf informieren die Karten auch über die Beschaffenheit des Bodenbelages (befestigt oder unbefestigt), Steigungen (leicht oder stark), Entfernungen sowie über kulturelle, touristische und gastronomische Einrichtungen entlang der Strecke.

Beachten Sie, dass die empfohlene Hauptroute immer in Rot und Violett, Varianten und Ausflüge hingegen in Orange dargestellt sind. Die genaue Bedeutung der einzelnen Symbole wird in der Legende auf den Seiten 4, 5 und 6 erläutert.

Höhen- und Streckenprofil

Das in der Einleitung dargestellte Höhen- und Streckenprofil gibt Ihnen einen grafischen Überblick über die Steigungsverhältnisse, die Länge und die wichtigsten Orte entlang der Radroute. Es können in diesem Überblick nur die markantesten Höhenunterschiede dargestellt werden, jede einzelne kleinere Steigung wird in dieser grafischen Darstellung nicht berücksichtigt. Die Steigungs- und Gefälleverhältnisse entlang der Route finden Sie im Detail mit Hilfe der Steigungspfeile in den genauen Karten.

Der Text

Der Textteil beinhaltet kurze Ortsinfos und Ortsbeschreibungen sowie kompakte Textpassagen mit relevanten Streckeninformationen. Unter dem jeweiligen Ortsbalken finden Sie folgende Informationen aufgelistet: Adresse der Einrichtung, Öffnungszeiten-Kategorie, Telefonnummer, Weblink und Kurzbeschreibung

Öffnungszeiten – Kategorien

- ⊙ Öffnungszeiten
- ⓐ frei zugänglich
- ⓝ täglich
- ⓗ häufig (5-6 Tage/Wo.)
- ⓓ durchschnittlich (3-4 Tage/Wo.)
- ⓢ selten (bis 2 Tage/Wo.)
- ⓒ nach tel. Anfrage

Diese Angaben gelten während der Radsaison und dienen als Orientierungshilfe. Die tagesaktuellen Öffnungszeiten finden Sie über den Weblink.

Weblink

Im Ortsdatenblock bei dem jeweiligen touristischen Eintrag befindet sich nach dem @ Symbol eine sechsstellige Zahlen- und Buchstabenkombination *(z. B. @ abc123)*. Die Eingabe dieser Weblink-ID auf unserer Internetseite www.esterbauer.com leitet Sie direkt auf die entsprechende Webseite weiter und ersetzt somit die mühsame Eingabe ellenlanger Webadressen.

Übernachtungs- und Serviceverzeichnis

Auf den letzten Seiten dieses Radtourenbuches sind zu fast allen Orten entlang der Strecke eine Vielzahl von Übernachtungsmöglichkeiten aufgelistet, vom einfachen Zeltplatz bis zum 5-Sterne-Hotel. Zusätzlich finden Sie umfangreiche Informationen zu Radwerkstätten und Radverleihstationen.

Tour 1 Pleißeradweg

29,6 km

HM/km: ⤢ 2,0 (58m) ⤡ 0,9 (26m) Radweg: 87 % Unbefestigt: 17 % Verkehr: 2 %

Die rund 30 km lange Tour führt vom Clara-Zetkin Park im Zentrum von Leipzig entlang des Flusslaufes der Pleiße nach Süden durch Markkleeberg, Gaschwitz, Grossdeuben, Böhlen und Neukieritzsch bis nach Deutzen. Auf dieser Tour radeln Sie durch geschichtsträchtige Orte, vorbei an ehemaligen Rittergütern, unberührten Wiesen- und Auenlandschaften, Wäldern, und Seen. Die Strecke ist geprägt von den Zeugnissen des Braunkohleabbaus im Süden Leipzigs. Das Leipziger Neuseenland beeindruckt durch seine einzigartige Landschaft mit den zahlreichen aus ehemaligen Tagebaurestlöchern entstandenen Seen.

Charakteristik

Start: Clara-Zetkin Park, Leipzig

Ziel: Deutzen

Wegbeschaffenheit: Die Route verläuft hauptsächlich auf befestigten Radwegen und asphaltierten Straßen.

Verkehr: Sie fahren großteils fernab von Straßen auf separaten Trassen und teilweise auf neu angelegten, straßenbegleitenden Wegen.

Beschilderung: Durchgehende Beschilderung.

Steigungen: Die Strecke ist weitgehend eben. Zwischen Großdeuben und Neukieritzsch geht es sanft bergauf.

An- und Abreise: S5, Bahnhof Deutzen

Anschlusstour(en): 2, 3, 5

Leipzig

1 Leipzig

Vorwahl: 0341

ℹ Tourist-Information, Katharinenstr. 8, ✆ 7104260, @ ttq146

▦ Ägyptisches Museum, Goethestr. 2, Kroch-Hochhaus, ✆ 9737015 ⊜ In dem 1927/28 errichteten Haus werden Fundstücke aus 5.000 Jahren ägyptischer Geschichte gezeigt. @ kut345

▦ Antikenmuseum, Nikolaikirchhof 2, ✆ 9730700 ⊜ Griechische, zyprische, etruskische und römische Originalwerke bringen Besuchern das Leben der antiken Mittelmeerwelt näher. @ euy774

▦ Bach-Museum-Leipzig, Thomaskirchhof 15,

✆ 9137202 ⊜ In einer interaktiven Ausstellung wird über das Leben und Werk des berühmten Komponisten Johann Sebastian Bach, der von 1723 bis 1750 in der Stadt lebte, informiert. @ jxn256

▦ Bibliotheca Albertina, Beethovenstr. 6, ✆ 9730577 ⊜ Die nach dem damaligen sächsischen König Albert benannte Bibliothek stammt aus den Jahren 1887-1891. Nach weitreichenden Zerstörungen während des Zweiten Weltkrieges wurde das Gebäude erst zwischen 1992 und 2002 wiederaufgebaut und ist heute ein Standort der Universitätsbibliothek. @ arm448

▦ Deutsches Buch- und Schriftmuseum der Deut-

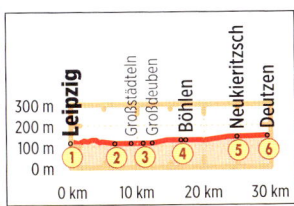

🏛 schen Nationalbibliothek, Deutscher Pl. 1, ☎ 2271324 ♿ Im weltweit ältesten Fachmuseum zur Buch-, Schrift- und Papierkultur wird ein Einblick in die 5.000 Jahre alte Mediengeschichte gewährt: „Zeichen – Bücher – Netze: Von der Keilschrift zum Binärcode". @ ixh825

🏛 Galerie für Zeitgenösische Kunst, Karl-Tauchnitz-Str. 9-11, ☎ 140810 ♿ In dem Museum wird Kunst aus der Zeit zwischen 1945 und heute gezeigt. @ dgo844

🏛 GRASSI Museum für Angewandte Kunst, Johannispl. 5-11, ☎ 2229100 ♿ In drei verschiedenen Bereichen wird das Kunsthandwerk präsentiert: Antike bis Historismus, Asiatische Kunst und Jugendstil bis Gegenwart. @ kpf216

🏛 GRASSI Museum für Völkerkunde, Johannispl. 5-11, ☎ 49142000 ♿ Hier werden Kunst und Alltag in den Kulturen der Welt thematisiert. @ dqe834

🏛 Kunsthalle der Sparkasse Leipzig, Otto-Schill-Str. 4a, ☎ 9861660 ♿ In wechselnden Ausstellungen wird ein Blick auf die sog. Leipziger Schule geworfen. @ vqf155

🏛 Mendelssohn Haus, Goldschmidtstr. 12, ☎ 9628820 ♿ Im ehemaligen Wohn- und Sterbehaus des Komponisten Felix Mendelssohn Bartholdy wird Besuchern sein Leben und Werk nähergebracht. Er gründete 1843 in Leipzig mit dem Conservatorium der Musik die erste Musikhochschule Deutschlands. @ fgu252

🏛 Museum der Bildenden Künste, Katharinenstr. 10, ☎ 216990 ♿ In dem gläsernen Kubus, den die Berliner Architekten Hufnagel, Pütz und Rafaelian entworfen haben, gibt es Werke vom Spätmittelalter bis zur Gegenwart zu sehen u. a. von Lucas Cranach, Peter Paul Rubens, Caspar David Friedrich oder Max Beckmann. @ pca134

🏛 Museum für Druckkunst, Nonnenstr. 38, Plagwitz (Leipzig), ☎ 231620 ♿ Besucher können hier anhand vieler historischer Maschinen sehen, wie in den letzten 500 Jahren gedruckt wurde. @ glo233

🏛 Museum in der „Runden Ecke", Dittrichring 24, ☎ 9612443 ♿ In dem Gebäude der ehemaligen Bezirksverwaltung der

Leipzig

Naturkundemuseum
Tröndlinring
W.-Brandt-Platz
Kriminalmuseum
Brühl
Bildende Künste
"Runde Ecke"
Antikenmuseum
Stadtgeschichtliches Museum
Nikolaikirche
Zeitgeschichtliches Forum
Thomaskirche
Ägyptisches Museum
Kunsthalle
Apothekenmuseum
Bach-Museum
Gewandhaus
GRASSI-Museen
Schumann-H

Psychiatriemuseum
Neues Rathaus
Martin-Luther-Ring
Goldschm
Mendelssohn-Haus
Seeburgstr.
Zeitgenöss. Kunst
Dimitroffstr.

Bundesverwaltungsgericht
Bibliothek
Beethovenstr.

Clara-Zetkin Park
Bayerischer Bahnhof
Philipp-Rosenthal-Str.
Straße des 18.Oktober

Rennbahnweg
Telemannstr.
Braustr.
Shakespearestr.
Niederkirchnerstr.
Körnerstr.

Staatssicherheit wird heute über Funktion, Arbeitsweise und Geschichte des Ministeriums für Staatssicherheit informiert. @ rib122

🏛 **Musikinstrumentenmuseum**, Johannispl. 5-11, im Grassi, ☎ 9730750 ⊜ Bereits seit 1929 können Besucher eine der weltweit größten Musikinstrumentensammlungen entdecken. @ gom868

🏛 **Naturkundemuseum**, Lortzingstr. 3, ☎ 982210 ⊜ Das 1906 vom Leipziger Lehrerverein gegründete Museum verfügt über eine reiche Sammlung zu den Themen Zoologie, Botanik, Geologie und Archäologie im westsächsischen Raum. @ xpu788

🏛 **Sächsisches Apothekenmuseum**, Thomaskirchhof 12, ☎ 3365236 ⊜ In der ehem. Central-Apotheke geben historische Exponate Einblicke in die Geschichte des Apotheken- und Pharmaziewesens. @ ivd142

🏛 **Sächsisches Psychiatriemuseum**, Mainzer Str. 7, ☎ 1406140 ⊜ Das Museum zeigt, wie in der Vergangenheit mit psychischen Krisen und Krankheiten bei Menschen umgegangen wurde. @ iqb236

🏛 **Schumann-Haus**, Inselstr. 18, ☎ 39392191 ⊛ Das Komponisten-Ehepaar Clara und Robert Schumann verbrachte die ersten vier Jahre ihrer Ehe in der Leipziger Inselstraße. Im Museum wird das Leben und Wirken der beiden Künstler behandelt. @ pkw745

🏛 **Stadtgeschichtliches Museum**, Markt 1, ☎ 9651340 ⊜ Neben der Ausstellung „Moderne Zeiten. Leipzig von der Industrialisierung bis zur Gegenwart" ist das Alte Rathaus mit dem historischen Festsaal, der Ratsstube oder dem Kellergewölbe selbst ein wertvolles Museumsobjekt. Auch an anderen Standorten wird über die Geschichte der Stadt unter verschiedenen Aspekten informiert: Haus Böttchergässchen, Völkerschlachtdenkmal, Forum 1813, Schillerhaus, Coffe Baum, Alte Börse, Sport- und Kindermuseum. @ mgf735

🏛 **Zeitgeschichtliches Forum**, Grimmaische Str. 6, ☎ 2220400 ⊜ In dem Museum für

Leipzig, Alte Börse

Zeitgeschichte geht es um die Zeit von 1945 bis heute. Dabei wird die Teilung Deutschlands und die friedliche Revolution von 1989 ebenso angesprochen wie die Entwicklung des wiedervereinigten Deutschlands. @ cma682

🔋 **Nikolaikirche**, Nikolaikirchhof 3, ✆ 1245380 🕐 Im Jahr 2015 feierte Leipzigs größte Kirche ihr 850-jähriges Jubiläum. Bekannt über die Grenzen Leipzigs hinaus wurde sie vor allem durch die Friedens-

gebete, die seit 1982 jeden Montag unterbrochen stattfinden. @ pfe531

🔋 **Russische Gedächtniskirche**, Philipp-Rosenthal-Str. 51a, ✆ 8781453 🕐 Die 1913 erbaute Kirche erinnert an die rund 130.000 Russen, die in der Völkerschlacht von 1813 gegen Napoleon gekämpft haben. @ kdh215

🔋 **Thomaskirche**, Thomaskirchhof 18, ✆ 222240 🕐 Der romanische Vorgängerbau aus dem 12. Jh. erhielt gegen Ende

23

des 15. Jhs. seine heutige spätgotische Form mit dem 68 m hohen Turm.

🅷 **Völkerschlachtdenkmal und Forum 1813**, Str. des 18. Oktober 100, Probstheida (Leipzig), ☏ 2416870 🕐 Am 18. Oktober 1913, genau 100 Jahre nach der Völkerschlacht bei Leipzig, bei der die Österreich, Preußen, Russland und Schweden die napoleonischen Truppen besiegen konnten, wurde das imposante Denkmal eröffnet. Mit einer Höhe von 91 m und einem Gewicht von 300.000 t ist es der größte Denkmalbau Europas. @ dmu446

✲ **Alte Handelsbörse**, Naschmarkt 2, ☏ 9651400, ☏ 9651340. Als repräsentativer Treffpunkt der Kaufleute wurde die Alte Handelsbörse im 17. Jh. im Stil des Frühbarock erbaut. Heute finden hier verschiedenste Veranstaltungen wie Konzerte, Lesungen oder Theateraufführungen statt. @ qdc418

✲ **Altes Rathaus**, Markt. Bereits seit der Mitte des 16. Jhs. besteht das Alte Rathaus, in dem heute das Stadtgeschichtliche Museum untergebracht ist. Der 53 m lange Festsaal bot früher den Rahmen für Veranstaltungen der sächsischen Landesfürsten oder Patrizierhochzeiten.

✲ **Bayerischer Bahnhof**, Bayrischer Pl. 1. Bis zu seiner Schließung im Jahr 2011 galt der aus der Mitte des 19. Jhs. stammende Bahnhof als der älteste Kopfbahnhof der Welt. Heute ist hier ein Restaurant mit eigener Brauerei untergebracht.

✲ **Bundesverwaltungsgericht**, Simsonpl. 1, ☏ 20070 🚻 Das heutige Bundesverwaltungsgericht wurde gegen Ende des 19. Jhs. im Stil des späten Historismus in Anlehnung an die italienische Renaissance und den französischen Barock errichtet. @ wgw285

✲ **Leipziger Hauptbahnhof**, Willy-Brandt-Pl. 7. Seit dem Jahr 1915 ist der Leipziger Hauptbahnhof der Hauptverkehrsknotenpunkt der Stadt. Als Europas größter Kopfbahnhof prägt er seither das Stadtbild. @ yxp681

🅸 **Zoo Leipzig**, Pfaffendorfer Str. 29, ☏ 5933385 🕐 Der 1877/78 als Privatzoo gegründete Tierpark gehört zu den ältesten Zoos der Welt. @ dqh786

🔵 **Schwimmhalle Süd**, Tarostr. 10, ✆ 2219450, @ ocf751

❇️ **Bootsverleih Leipziger Eck**, Schleußiger Weg 2a, ✆ 0163/2642003. Verleih von Kajaks, Canadiern, SUPs und Drachenbooten. @ vmk478

Auch wenn es um 900 bereits slawische Siedlungen an beiden Ufern der Parthe gab und die erste urkundliche Erwähnung von Leipzig aus dem Jahr 1015 stammt, gilt 1165 als Gründungsjahr. Damals verlieh Markgraf Otto der Reiche von Meißen der Stadt an der Kreuzung der Via Regia und der Via Imperii die Stadtrechte. Die Lage an den wichtigen Handelsstraßen bildete die Basis für die wirtschaftliche Entwicklung, die schließlich mit der Erhebung zur Reichsmessestadt im Jahr 1497 und der Ausweitung des Stapelrechts dazu führte, dass Leipzig als wichtigster Handelsplatz für den Güteraustausch zwischen West- und Osteuropa galt. Vor allem der Fellhandel und die teilweise Weiterverarbeitung sowie die Herstellung der dafür notwendigen Maschinen führten zu diesem Status. Bis ins 20. Jahrhundert zählte Leipzig neben London zu den wichtigsten Handelszentren der Pelzwirtschaft.

Die Gründung der Universität im Jahr 1409 macht deutlich, dass Leipzig nicht nur wirtschaftlich, sondern auch kulturell eine wichtige Rolle spielte. Die „Alma Mater Lipsiensis" zählt zu den drei ältesten Universitäten Deutschlands. Hier trafen sich 1519 die Reformatoren Martin Luther, Andreas Karlstadt und Philipp Melanchthon mit dem katholischen Theologen Johannes Eck zu einem Streitgespräch, das als „Leipziger Disputation" in die Geschichte eingehen sollte. Namhafte Persönlichkeiten wie die Nobelpreisträger Werner Heisenberg, Gustav Hertz, Nathan Söderblom und Wilhelm Ostwald hatten an der traditionsreichen Universität einen Lehrstuhl inne, und zahlreiche ehemalige Studenten sollten in ihrem späteren Leben mit ihren Werken weltweit Beachtung finden, darunter u. a. Johann Wolfgang von Goethe, Richard Wagner,

Friedrich Nietzsche, Erich Kästner, Karl Liebknecht oder auch Angela Merkel.

Mit der jahrhundertealten Tradition als Universitätsstadt geht auch der Ruf von Leipzig als Buchstadt einher. Schon im 15. Jahrhundert gab es mehrere Druckereien. Von 1650 an gab Timotheus Ritzsch mit den „Leipziger Einkommenden Nachrichten" die erste Tageszeitung der Welt heraus. Diese erschien im Gegensatz zu den bis dahin unregelmäßig erscheinenden Flug- und Informationsblättern täglich. Leipzig galt also bald als Zentrum des Buchhandels und des Verlagswesens, was schließlich zur Gründung des Börsenvereins der Deutschen Buchhändler im Jahr 1825 führte. Zahlreiche bekannte Verlage wie beispielsweise Baedeker, Brockhaus oder Kiepenheuer hatten hier ihren Sitz und festigten auch im Ausland den Ruf als „City of Books". Die traditionsreiche Leipziger Buchmesse, heute nach der Frankfurter Buchmesse die zweitgrößte Deutschlands, zeigt, dass die Stadt an der Elster diesem Ruf auch heute noch gerecht wird.

Neben den wirtschaftlichen und kulturellen Entwicklungen gibt es u. a. zwei politische Ereignisse, die untrennbar mit Leipzig in Verbindung stehen:

Im Jahr 1813 fand während der sogenannten Befreiungskriege die Völkerschlacht bei Leipzig statt. Hier standen sich die Heere der Österreicher, Russen, Schweden und Preußen den napoleonischen Soldaten und deren Verbündeten darunter auch Sachsen gegenüber. Letztlich konnten die napoleonischen Truppen besiegt werden, Napoleon wurde auf die Insel Elba verbannt. Das mächtige Völkerschlachtdenkmal erinnert an diese kriegerische Auseinandersetzung. In der jüngeren Geschichte spielte die Stadt eine wichtige Rolle bei der Wiedervereinigung Deutschlands. Die Montagsdemonstrationen gegen die DDR-Führung unter der Losung „Keine Gewalt" gingen 1989 von der Leipziger Nikolaikirche aus. Auf diesen Massenveranstaltungen, die später auch in anderen Städten abgehalten wurden, forderten die Menschen unter dem Motto „Wir sind das Volk" eine demokratische

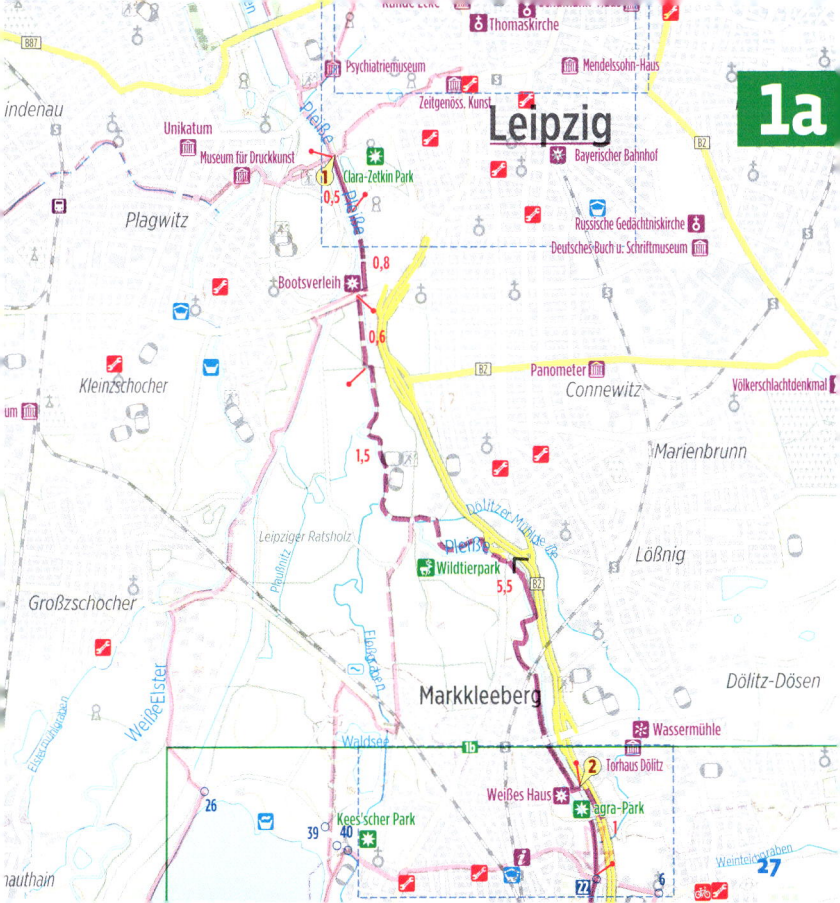

Leipzig

Plagwitz

indenau

B87

Unikatum
Museum für Druckkunst

Psychiatriemuseum

Pleiße

Zeitgenöss. Kunst

Thomaskirche

Mendelssohn-Haus

Clara-Zetkin Park

1
0,5

Bayerischer Bahnhof

B2

Russische Gedächtniskirche

Deutsches Buch u. Schriftmuseum

0,8

Bootsverleih

0,6

Kleinzschocher

Panometer

Connewitz

Völkerschlachtdenkmal

um

1,5

Leipziger Ratsholz

Pleiße

Dölitzer Mühlgraben

Marienbrunn

Lößnig

Großzschocher

Pleißenbach

Wildtierpark

5,5

B2

Elstergraben

Markkleeberg

Dölitz-Dösen

Weiße Elster

Waldsee

1b

Wassermühle

2 Torhaus Dölitz

Weißes Haus

agra-Park

26

Kees'scher Park

39
40

1

i

22

6

Weinteichgraben

27

Neuordnung der DDR sowie die Reisefreiheit und die Abschaffung des Ministeriums für Staatssicherheit. Letztendlich führte diese Protestbewegung zum Zusammenbruch der DDR und zur Wiedervereinigung Deutschlands.

Heute präsentiert sich Leipzig als eine vielseitige und lebenswerte Stadt, wo die Traditionen von früher noch spürbar sind. Es ist wohl der Vergangenheit als alter Messe- und Universitätsstadt und dem damaligen wohlhabenden Bürgertum zu verdanken, dass Besucher heute zahlreiche Sehenswürdigkeiten und Museen mit bedeutenden Sammlungen besichtigen können. Zu Recht verlieh 2008 die Bundesregierung Leipzig den Titel „Ort der Vielfalt".

Connewitz (Leipzig)

Vorwahl: 0341

🏛 **Panometer Leipzig**, Richard-Lehmann Str. 114, ☎ 3555340 ⊛ Das Panometer zeigt beeindruckende 360° Panoramen des Künstlers Yadegar Asisi, die sich in größeren Zeitabständen unterschiedlichen Themen widmen. @ xru154

Connewitz, Wildtierpark

🔲 **Wildtierpark Leipzig**, Koburger Str. 12a, ☎ 26496004 ⊛ Zu sehen sind Tierarten, die in Mitteleuropa in freier Wildbahn leben und lebten. @ dty532

2 Markkleeberg s. S.37

Großstädteln (Markkleeberg)

3 Gaschwitz (Markkleeberg)

Großdeuben (Böhlen)

Böhlen

Vorwahl: 034206

ℹ **Stadtverwaltung Böhlen**, Karl-Marx Str. 5, ☎ 6090, @ ono315

⛪ **Christophorus Kirche**, Karl-Marx Str., ☎ 53462. Die 1540 erstmals erwähnte Kirche ist im Kern romanisch. @ bvp127

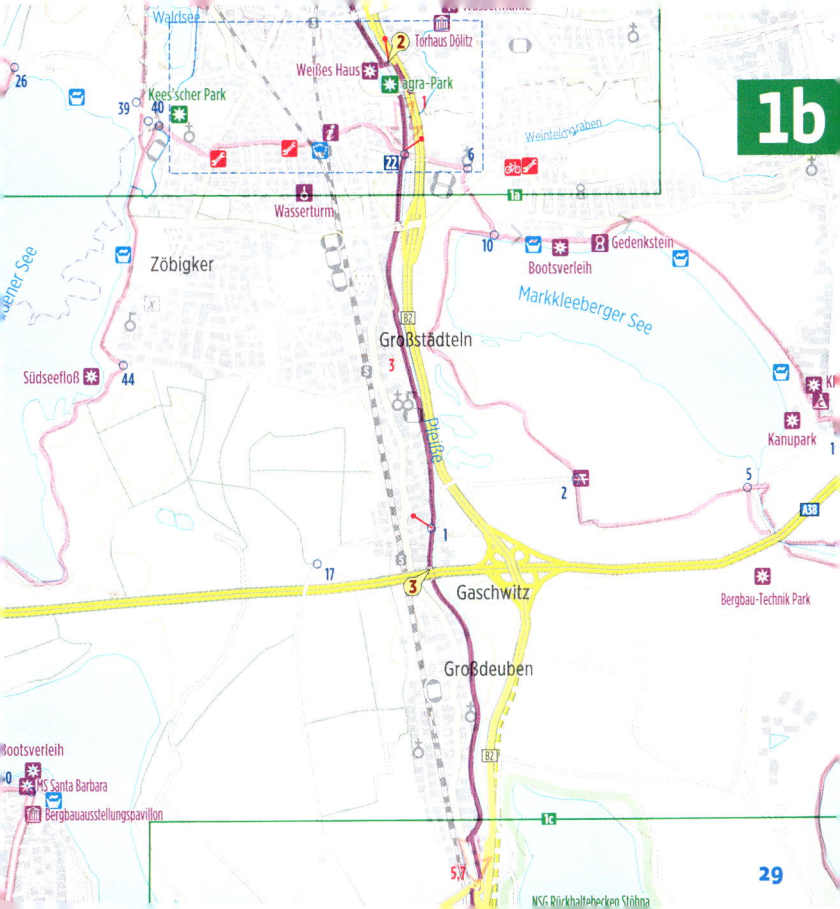

Waldsee

1b

26

Kees'scher Park
39
40

Weißes Haus
agra-Park
Torhaus Dölitz
2

Weinteichgraben

22

6

Wasserturm

Zöbigker

bener See

10
Bootsverleih
Gedenkstein **8**

Markkleeberger See

B2

Südseefloß
44

Großstädteln

3

Kanupark

1

Pleiße

2

5

17

3

Gaschwitz

Großdeuben

Bergbau-Technik Park

A38

B2

1c

Bootsverleih

MS Santa Barbara

Bergbauausstellungspavillon

5,7

NSG Rückhaltebecken Stöhna

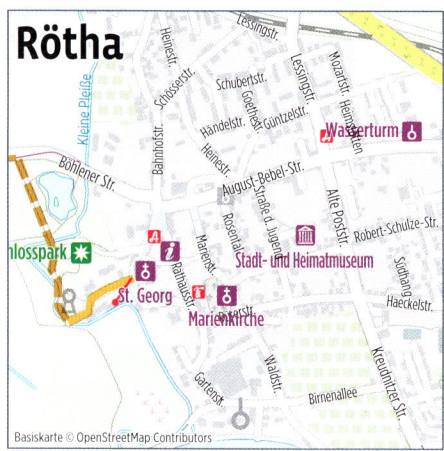

Basiskarte © OpenStreetMap Contributors

📧 **Freibad Böhlen**, Am Freibad 4, 📞 0176/56104555, @ upc478

4 Hier können Sie einen Abstecher ins sehenswerte Rötha machen

TIPP

Rötha

Vorwahl: 034206

ℹ️ Stadtverwaltung Rötha, Rathausstr. 4, 📞 6000, @ dxl755

🏛️ **Stadt- und Heimatmuseum**, Str. der Jugend 5, 📞 54507 ♿ Das Museum im ehemaligen Gefängnis der Stadt präsentiert die Heimatgeschichte Röthas von der Ur- und Frühgeschichte bis zur Gegenwart. @ bil833

♿ **Marienkirche**, Marienstr., 📞 54109. Die spätgotische Kirche wurde 1510-18 als Wallfahrtskirche erbaut. In den 1680er Jahren wurde die Ausstattung der Kirche teilweise im barocken Stil erneuert, außerdem wurde 1722 eine Silbermann-Orgel errichtet. @ ufg614

♿ **St. Georg**, Johann-Sebastian-Bach Pl., 📞 54109. Die um 1140 erbaute Kirche weist romanische, gotische und barocke Bauelemente auf. 1721 erbaute Gottfried Silbermann die Orgel, diese ist weitgehend im Originalzustand erhalten. @ ups673

♿ **Wasserturm**, Am Wasserturm. Das Wahrzeichen Röthas wurde 1913 als 35 m hohes Bauwerk mit einer gelben Klinkerfassade errichtet. 2012 wurde der Turm um 1,2 Mio. Euro saniert. Er ist noch immer in Nutzung. @ ypu675

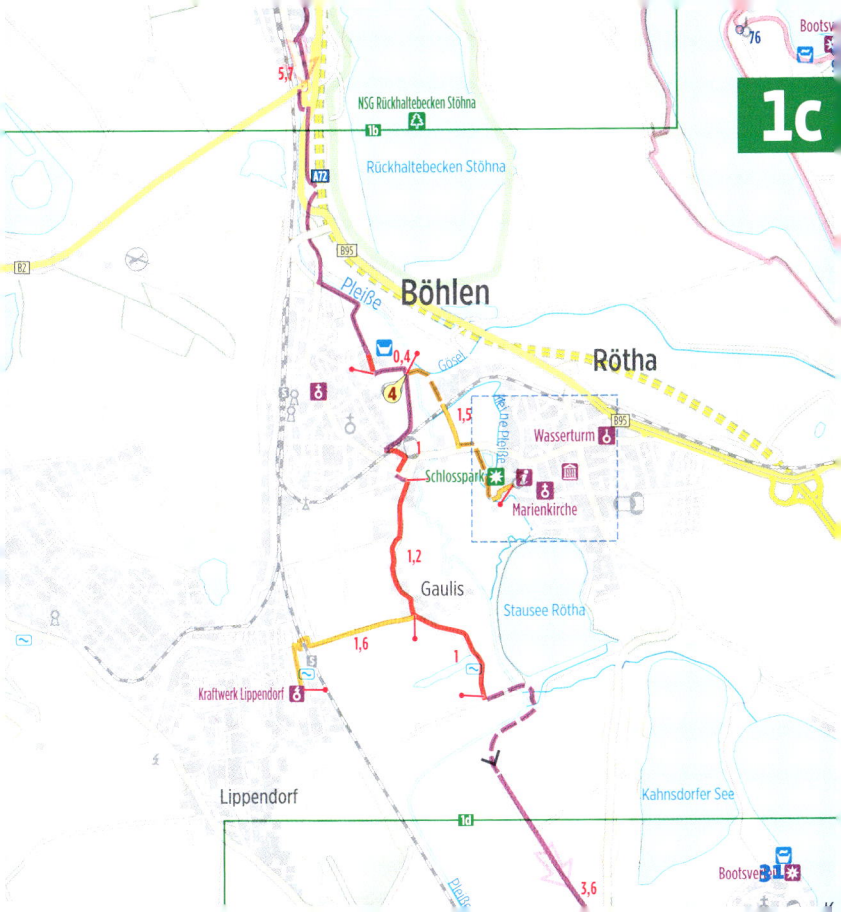

🅰 **Schlosspark**, Johann-Sebastian-Bach Pl. 41. ⚲ Der um 1790 entstandene Landschaftspark im englischen Stil ist der einzige erhaltene Teil der einst bedeutenden Rittergutsanlage Rötha. @ fip865

Gaulis (Böhlen)

Lippendorf (Neukieritzsch)

✳ **Kraftwerk Lippendorf**, Am Kraftwerk, ☎ 034342/22611 ♿ Im Braunkohlekraftwerk befindet sich ein Kommunikationszentrum, das Besuchern Informationen zur Entwicklung der Stromerzeugung am Standort von 1926 bis heute bietet (Voranmeldung). Beeindruckend ist der Ausblick vom über 163 m hohen Kesselhausdach auf das Leipziger Neuseenland.

> **TIPP** Wenn Sie auf der Hauptstraße bleiben, können Sie einen Ausflug nach Kahnsdorf machen und sich im Hainer See abkühlen.

Kahnsdorf (Neukieritzsch)

Vorwahl: 03433

🔶 **Rittergut Kahnsdorf**, Theodor-Sältze Str. 8-10. Das Alte Herrenhaus wurde im 17. Jh. auf den Resten einer mittelalterlichen Wasserburg erbaut, das neue Herrenhaus wurde 1902 im neubarocken Stil errichtet. Das Ensemble ist von einem Park mit Teich umgeben.

✳ **Schillerhaus**, Theodor-Sältze Str. 10, ☎ 2438754 ♿ In dem 1686 erbauten Haus traf Friedrich Schiller 1785 auf seinen besten Freund und Förderer Christian Gottfried Körner. Heute befindet sich das beliebte Schillercafé im Haus. @ weg814

🔵 **Hainer See**, An der Lagune, @ faq117

✳ **Bootsverleih**, An der Lagune 15, ☎ 0176/88251443. Führerscheinfreie Motorboote und Seerundfahrten. @ ayn267

5 Neukieritzsch

Vorwahl: 034342

🅸 **Gemeindeverwaltung** Neukieritzsch, Schulpl. 3, ☎ 80312, @ sxt575

🔶 **Lutherdenkmal**, Markt ⚲ Martin Luther kaufte 1540 in Zöllsdorf ein Vorwerk als zukünftigen Witwensitz für seine Ehefrau Katharina von Bora. Da Zöllsdorf dem Braunkohleabbau zum Opfer fiel, wurde das 1884 dort errichtete Denkmal nach Neukieritzsch versetzt.

🔵 **Freibad**, Badstr. 5, ☎ 01577/4137229, @ edy716

Rötha, St. Georg mit Silbermannorgel

Braunkohlebergbau

1698 begann man bei Mücheln/Braunsbedra nach Braunkohle zu graben, dies gilt als die „Geburtsstunde" des Mitteldeutschen Braunkohlereviers. Bis zum Anfang des 20. Jahrhunderts wurde jedoch überwiegend die hochwertigere Steinkohle verwendet und Braunkohle hatte für die Brennstoffversorgung Deutschlands nur eine geringe Bedeutung. Nach dem Ersten Weltkrieg musste das Deutsche Reich zahlreiche Gebiete abtreten und verlor etwa 40 Prozent seiner Steinkohlevorkommen, daraufhin wurde die Förderleistung von Braunkohle auf einen Anteil von fast 60 Prozent der Energieerzeugung gesteigert. In den 1920er Jahren entwickelte sich Deutschland zum weltweit größten Produzenten und zugleich zum größten Verbraucher von Braunkohle. Die Kohle wird meist im Tagebau mit Hilfe von Braunkohlebaggern und Förder-

Tagebau Schleenhain

brücken abgebaut und ist mit schwerwiegenden Eingriffen in die Umwelt verbunden. Der Braunkohlebergbau hat das Landschaftsbild in der Region nachhaltig verändert, bisher wurden im mitteldeutschen Braunkohlerevier mehr als 48.000 ha devastiert und über 100 Ortschaften abgebaggert, wodurch über 51.000 Menschen umsiedeln mussten.

Teilweise wurden die Restlöcher ehemaliger Tagebaue mit Wasser befüllt und wurden somit zu einem neuen Bestandteil der Kulturlandschaft, was dem Tourismus zugutekommt. Neben der Rekultivierung ehemaliger Bergbaulandschaften wird unverändert in den Tagebauen Amsdorf, Profen und Schleenhain Kohle abgebaut.

6 Deutzen (Neukieritzsch)

❋ **Aussichtspunkt Tagebau Schleenhain,** Bahnhofstr. 1 ⑳ Der Aussichtspunkt am Tagebaurand bietet einen Blick auf das aktuelle Tagebaugeschehen und informiert zusätzlich mit Tafeln über die bergmännische Arbeit.

Hainer See

Bootsverleih

Kahnsdorf

Schillerhaus

Rittergut

3,6

1c

Kieritzsch

2,6

1,4

Großzössen

Lutherdenkmal

5

Neukieritzsch

B176

B176

Lobstädt

Breunsdorf

4,5

Speicherbecken Lobstädt

Tagebau Vereinigtes Schleenhain

Tagebau Schleenhain

0,2

6

Surfclub

Speicherbecken Borna

Deutzen

Tour 2 Störmthaler See/ Markkleeberger See

34,6 km

HM/km: ↗ 2,0 (70m) ↘ 2,0 (70m) | Radweg: 83 % | Unbefestigt: 0 % | Verkehr: 1 %

Die Rundtour startet am Bahnhof Markkleeberg und führt Sie im Uhrzeigersinn um den Markkleeberger See und den Störmthaler See. Beide Seen im Süden von Leipzig zählen zum Neuseenland, hier entwickeln sich die ehemaligen Bergbaulandschaften zu tollen Naherholungsgebieten und das kristallklare Wasser lädt zum Baden ein.

Mit den wenigen Anstiegen ist der gut ausgebaute Radweg auch für Kinder geeignet, auf der abwechslungsreichen Tour gibt es immer etwas zu sehen, wie z. B. den Kanupark und Kletterpark in Auenhain sowie den Bergbau-Technik Park.

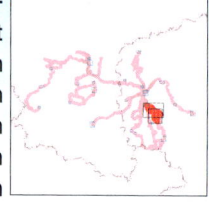

Charakteristik

Start/Ziel: Markkleeberg

Wegbeschaffenheit: Die Route verläuft überwiegend auf befestigten bzw. asphaltierten Radwegen und Straßen, nur kurze Teilstücke sind unbefestigt.

Verkehr: Sie fahren meist auf Radwegen und ruhigen Straßen, mit etwas mehr Verkehr ist nur in Markkleeberg zu rechnen.

Beschilderung: Teilweise Beschilderung mit grünem Fahrrad auf weißem Hintergrund.

Steigungen: Anfangs, am Nordufer des Markkleeberger Sees geht es bergauf und nach Störmthal wieder bergab.

An- und Abreise: S-Bahn 3, 4, 5, 5X und 6 Markkleeberg

Anschlusstour(en): 1, 4

1 Markkleeberg

Vorwahl: 0341

i Tourist-Informatiom, Rathausstr. 22, ✆ 33796718, @ bgs478

♨ Wasserturm, Wasserturmstr. Der 1902 erbaute Wasserturm ist seit den 1940er Jahren denkmalgeschützt und schon einige Jahre außer Betrieb, er wurde zur Wohnanlage umgebaut.

✳ Weißes Haus, Raschwitzer Str. 13, ✆ 3541412 ⊜

Das Haus wurde 1896/97 vom Zeitungsverleger und königlich-württembergischen Konsul Paul Herfurth nach Plänen des Gautzscher Architekten Gustav Hempel im agra-Park errichtet. Das Amt für Kultur und Tourismus befindet sich in dem Gebäude. Außerdem gibt es wechselnde Gemäldeausstellungen sowie Konzerte und Vorträge.

✿ agra-Park, ✆ 35330 ♿ Die 50 ha große Anlage mit drei Parkteilen bietet

Markkleeberg, Wasserturm

zahlreiche museale, kulturelle und gastronomische Angebote. @ sil365

🅰 **Kees'scher Park**, Lauersche Str., ✆ 486680. 1713 erwarb der kurfürstliche Kammerrat und Leipziger Ratsherr Wolfgang Jöcher das Rittergut Gautzsch und der Park entstand als Barockgarten mit umschließendem Wassergrabensystem. 1885 kam das Gautzscher Gut in den Besitz der Familie Kees, die bis heute dem Park ihren Namen geben. Der Kees'sche Park beeindruckt mit seinem imposanten neobarocken Adlertor und dem Palmenhaus der einstigen Orangerie. @ ddg617

🆗 **Markkleeberger See Strandbad Ost**, Franz-Etzold Str., ✆ 034297/7080, @ dgo727

🆗 **Sportbad**, Rathausstr. 29, ✆ 354209010, @ omf664

✳ **Bootsverleih am Markkleeberger See**, Seepromenade, ✆ 0157/54198413. Tretboote, Ruderboote, Kajaks und Sit-on-top Kajaks. @ qkw628

Im Jahre 1895 entdeckte Franz Etzold in einer Markkleeberger Kiesgrube die ersten vom Menschen bearbeiteten Feuersteinwerkzeuge. 1905 barg Karl-Hermann Jacob-Friesen weitere Feuersteinwerkzeuge in der Grube und machte Markkleeberg als eine der bedeutendsten altsteinzeitlichen Fundstätten (280.000-300.000 Jahre) Mitteleuropas bekannt. Bei den Markkleeberger Steinartefakten handelt es sich um den frühesten Nachweis der Befähigung des

Menschen zur Besiedelung der eiszeitlichen Kältesteppen.

2 Am Markkleeberger See fahren Sie links, um beide Seen im Uhrzeigersinn zu umrunden.

Auenhain (Markkleeberg)
Vorwahl: 034297

✳ **Kanupark Markkleeberg**, Wildwasserkehre 1, ✆ 141291. Der Kanupark am Markkleeberger See ist eine der modernsten Wildwasseranlagen Europas, @ dot713

✳ **Kletterpark**, Am Paddelsteg 2, ✆ 988840 ⛺ 24 Masten ermöglichen ein Klettervergnügen und Panoramaklettern bis in 12 m Höhe. Außerdem gibt es eine Adventure-Golf Anlage. @ uuk762

3 Über die Hubbrücke an der Schleuse, welche den Markkleeberger und den Störmthaler See verbindet, können Sie die Tour abkürzen.

Güldengossa (Großpösna)
6 **Schloss Güldengossa**, Schulstr. 11. Das 1285 erstmals erwähnte Rittergut wurde

Markkleeberg, Weißes Haus

1720 zu einem Herrenhaus im spätbarocken Stil umgebaut. 2006 wurde das Schloss schließlich von der Familie Geiger gekauft und restauriert. Seitdem ist es Stammsitz der Aktiengesellschaft Geiger Edelmetalle. @ glq366

Störmthal (Großpösna)

Barockschloss Störmthal, Rosengang 3, ☎ 0176/80537755. Der Rittersitz wurde 1445 erstmals urkundlich erwähnt, 1693 wurde das heutige Barockschloss erbaut. Das Schloss befindet sich in Privatbesitz und ist nur von außen zu besichtigen. @ ohy822

Vineta, ☎ 0341/140660. Die schwimmende künstlerische Interpretation der ehemaligen Kirche von Magdeborn inmitten des Sees kann mit einem Amphibienfahrzeug oder der Fähre besichtigt werden. Es werden auch Konzerte und Lesungen veranstaltet. @ fyb853

Störmthaler See ㉔ Der aus dem ehemaligen Tagebau Espenhain entstandene See bietet mehrere Badestellen.

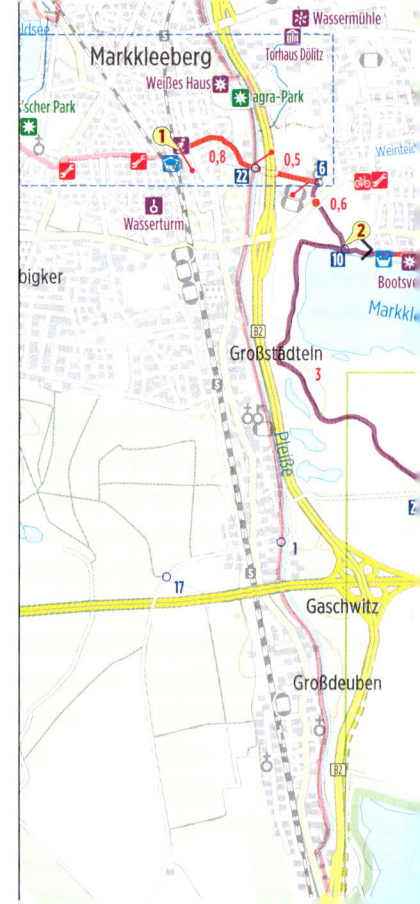

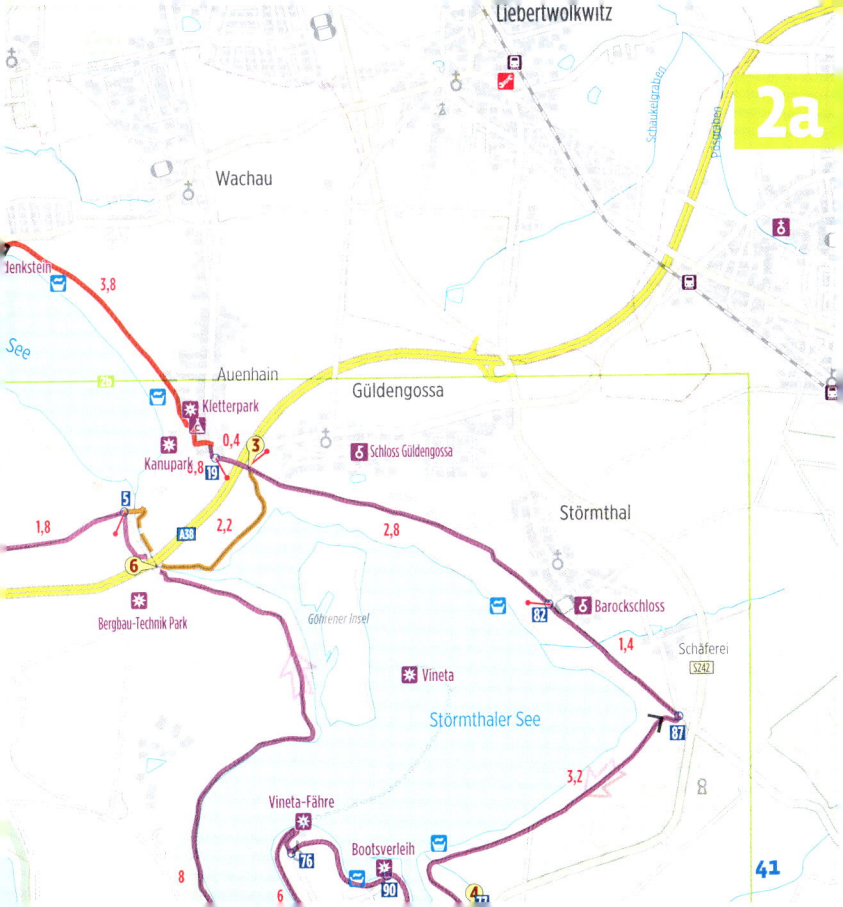

Liebertwolkwitz

2a

Wachau

Denkstein 3,8

See

Auenhain

Güldengossa

Kletterpark

Kanupark 0,4 ❸

1,8 ➊⑨

Schloss Güldengossa

Störmthal

❺

1,8 2,2

Ⓐ38

2,8

❻

Bergbau-Technik Park

Göhrener Insel

Barockschloss

⑧②

1,4

Schäferei

S242

Vineta

Störmthaler See

❽⑦

3,2

Vineta-Fähre

⑦⑥

Bootsverleih

8

6 ⑨⓪

🄰

41

Störmthaler See mit Vineta-Kirche

4 Dreiskau-Muckern (Großpösna)

✿ Bootsverleih, Hafenstr. 1, ✆ 0178/4303501. Verleih von führerscheinfreien Motorbooten. @ uwk486

✿ Vineta-Fähre, Alte F 95 Nr. 1, ✆ 0341/140660. Bootstour zur schwimmenden Kirche mit Informationen zur Geschichte und Zukunft der Region. @ fcx383

5 Espenhain

Espenhain ist geprägt durch den Braunkohleabbau, der 1896 begann. Über dem Ort und seiner Umgebung lag immer eine Wolke von Phenolen, Schwefel, Ruß und Asche und in den 1970er Jahren erlangte Espenhain traurige Berühmtheit als der schmutzigste Ort der DDR.

6 Bergbau-Technik Park (Großpösna)

✿ Bergbau Technik Park, Am Westufer 2, ✆ 034297/140127 ♿ Das Freilichtmuseum beschäftigt sich mit dem Braunkohlebergbau im Leipziger Südraum und erinnert an eine große Ära der sächsischen Industriegeschichte. Auf einer Fläche von 5,4 ha wird der gesamte Arbeitszyklus eines Braunkohletagebaus präsentiert. Es wird auch an die durch den Tagebau Espenhain beseitigten Dörfer erinnert. @ elh566

1 Markkleeberg s. S.37

Tour 3   Zum Cospudener See   25,4 km

HM/km: ↗ 1,2 (30m) ↘ 1,2 (30m)   **Radweg:** 89 %   **Unbefestigt:** 23 %   **Verkehr:** 0 %

Die Tour startet in Leipzig beim Neuen Rathaus und führt Sie über Markkleeberg nach Zöbigker und im Uhrzeigersinn um den Cospudener See herum. Hier können Sie am herrlichen 2 km langen Sandstrand eine Pause einlegen und sich abkühlen. Für Familien bietet sich ein Ausflug in den Vergnügungspark Belantis an. Auch einen Abstecher wert ist der Aussichtsturm Bistumshöhe mit seinen 180 zu erklimmenden Stufen. Vorbei an Knauthain radeln Sie schließlich über Großzschocher und Kleinzschocher zurück ins Zenrum von Leipzig.

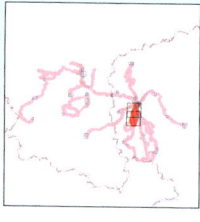

Charakteristik

Start/Ziel: Leipzig, Neues Rathaus

Wegbeschaffenheit: Die Route verläuft überwiegend auf befestigten bzw. asphaltierten Radwegen und Straßen, ein paar Teilstücke sind unbefestigt.

Verkehr: Bei dieser Tour fahren Sie großteils auf Radwegen und ab und zu auf ruhigen Straßen.

Beschilderung: Teilweise Beschilderung mit grünem Fahrrad auf weißem Hintergrund.

Steigungen: Es gibt keine nennenswerten Steigungen.

Anschlusstour(en): 1, 4

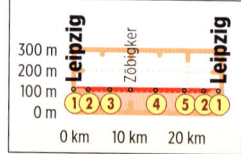

1 Leipzig s. S.19

2 Am **Schleußiger Weg** biegen Sie nach der Brücke links in den Radweg entlang des Kanals ab und radeln nach Markkleeberg.

Connewitz (Leipzig)

Vorwahl: 0341

- 🏛 **Panometer Leipzig**, Richard-Lehmann Str. 114, ☎ 3555340 ⓡ Das Panometer zeigt beeindruckende 360° Panoramen des Künstlers Yadegar Asisi, die sich in größeren Zeitabständen unterschiedlichen Themen widmen. @ xru154

- 🦌 **Wildtierpark Leipzig**, Koburger Str. 12a, ☎ 26496004 ⓡ Zu sehen sind Tierarten, die in Mitteleuropa in freier Wildbahn leben und lebten. @ dty532

3 Markkleeberg s. S.37

Cospudener See

Der Name Cospuden ist auf Heinricius de Kozebude zurückzuführen, welcher im Jahre 1216 Besitzer des Gutes war. Im Jahre 1974 musste Zöbigker dem Braunkohlebergbau im Leipziger Südraum weichen und 1978/79 erfolgte eine Teilortsverlegung. 1981 began-

nen im „Baufeld Cospuden" des Tagebaus Zwenkau die Aufschlussarbeiten. Dabei wurden rund 32 Millionen Tonnen Rohbraunkohle gefördert, damit zählte Cospuden zu den rentabelsten Tagebauen Mitteldeutschlands. 1990-92 wurde der Tagebau schließlich stillgelegt und rekultiviert. 1993-2000 wurde das Restloch geflutet, es wurden täglich rund 65.000 m³ Wasser aus dem Tagebau Profen eingeleitet. Im Jahr 2000 wurde der Landschaftspark Cospuden im Rahmen der Expo 2000 eröffnet. Seitdem ist der Cospudener See einer der beliebtesten Seen des Leipziger Neuseenlandes.

Zöbigker (Markkleeberg)

- 🏖 **Cospudener See**, Mühlweg, @ dgs846

- ✳ **Südseefloß**, Zöbigker Hafen, Pier1, ☎ 0176/24496789, ☎ 0163/1567507. Vermietung eines ca. 24 m² großen Floßes, mit dem man führerscheinfrei über den See fahren kann. @ jqi356

4 Hartmannsdorf (Leipzig)

Vorwahl: 0341

- ❄ **Bistumshöhe** ⓐ Am Südwestufer des Cospudener Sees bietet der 35 m hohe

45

Cospudener See

Aussichtsturm einen fantastischen Blick über den Cospudener See, den ehemaligen Elsterstausee, den Belantis Vergnügungspark und über die Neue Harth.

❋ **Belantis,** Zur Weißen Mark 1, ☎ 91033333 ⓦ Der größte Freizeitpark Mitteldeutschlands bietet auf der 27 ha großen Fläche des ehemaligen Braunkohletagebaus Zwenkau acht Themenwelten mit über 60 Attraktionen und Shows. @ cpv283

Bösdorf

Bösdorf wurde 1277 erstmals als Boisdorf schriftlich erwähnt. 1982 wurde das Dorf wegen der Braunkohleförderung devastiert und in Folge durch den Tagebau Zwenkau überbaggert. Das Stahlgeläut der Kirche

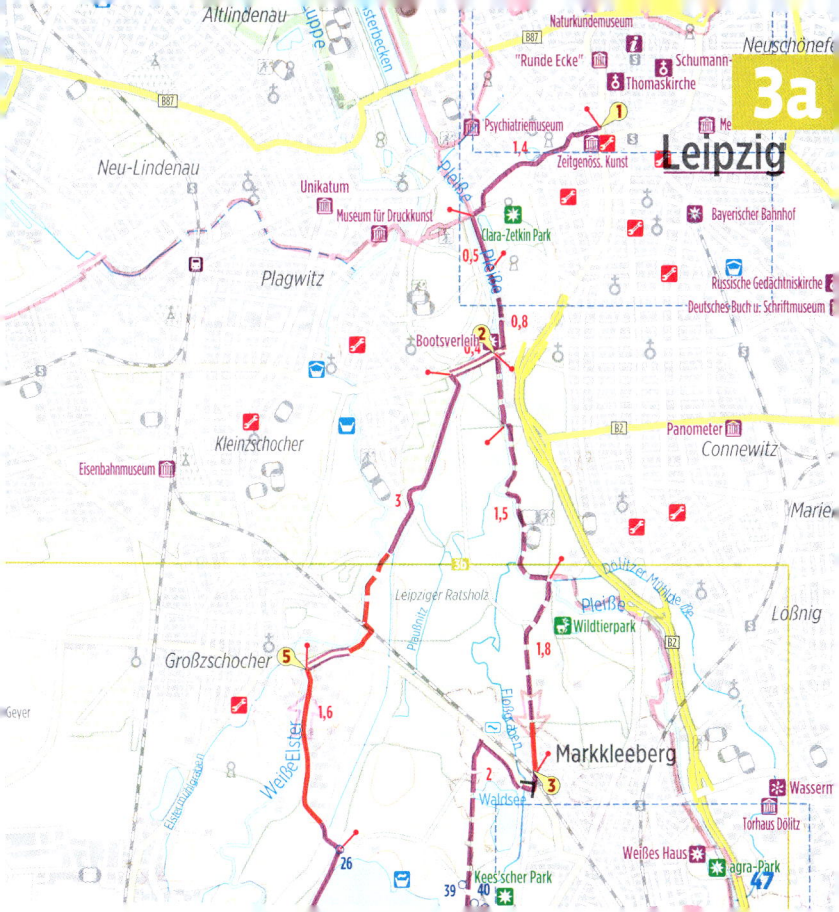

Altlindenau

Naturkundemuseum

B87

"Runde Ecke"

Schumann-

Thomaskirche

Psychiatriemuseum

1,4

Zeitgenöss. Kunst

Leipzig

Me

Neu-Lindenau

Unikatum

Museum für Druckkunst

Bayerischer Bahnhof

0,5

Clara-Zetkin Park

Russische Gedächtniskirche

Plagwitz

Deutsches Buch u. Schriftmuseum

0,8

Bootsverleih

2

Kleinzschocher

Panometer

Connewitz

B2

Eisenbahnmuseum

3

1,5

Marie

36

Leipziger Ratsholz

Plöitzer Mühle

Pleiße

Lößnig

B2

Wildtierpark

1,8

Großzschocher

5

1,6

Weiße Elster

Geyer

Markkleeberg

2

3

Wasserm

Waldsee

Tórhaus Dölitz

26

Weißes Haus

agra-Park

39

Kees'scher Park

40

47

Hartmannsdorf, Belantis

wurde in die Andreaskapelle im benachbarten Knautnaundorf eingebaut.

Knauthain (Leipzig)

 **Schloss Knauthain**, Ritter-Pflugk Str. 24. Das Schloss wurde 1698-1704 an Stelle eines Wasserschlosses erbaut. 1850-60 wurden Schloss und Park umgebaut. 1936 kaufte die Stadt Leipzig das Schloss und ließ es zur Schule umgestalten. 2003 wurde das Anwesen privatisiert und dient heute als Firmensitz.

5 Großzschocher (Leipzig)
Kleinzschocher (Leipzig)

Vorwahl: 0341

Eisenbahnmuseum, Kurt-Kresse Str., ✆ 0176/62170200 ⏰ Im Lokschuppen des ehemaligen Bahnbetriebswerkes Leipzig-Plagwitz ist eine eisenbahngeschichtliche Ausstellung mit einer Sammlung von Schienenfahrzeugen zu sehen. @ yar456

Sommerbad Kleinzschocher, Küchenholzallee 75, ✆ 4011489, @ qpw541

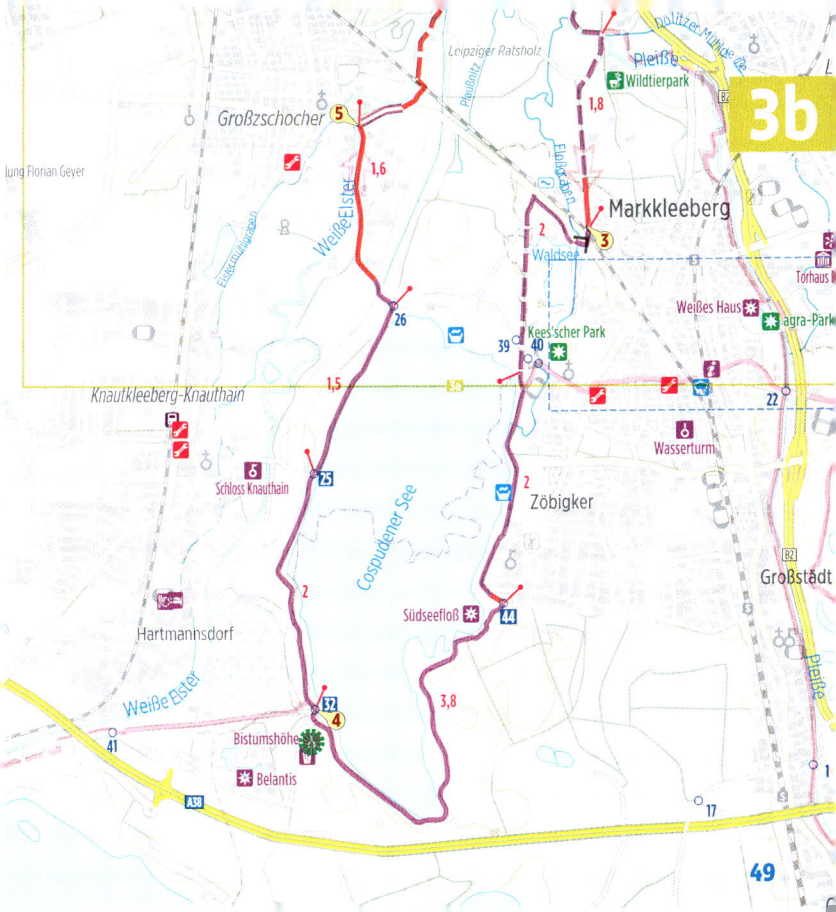

Leipziger Ratsholz

Dölitzer Mühle

Pleiße

🌲 Wildtierpark

B2

1,8

Großzschocher 5

Jung Florian Geyer

Weiße Elster

Elstermühlgraben

2

Markkleeberg

Waldsee

3

1,6

Torhaus

Weißes Haus 🌲 agra-Park

Kees'scher Park

39

40

26

22

1,5

Knautkleeberg-Knauthain

Wasserturm

2

🚲 25

2

Zöbigker

Schloss Knauthain

Cospudener See

2

Südseefloß 🌲 44

Hartmannsdorf

3,8

Weiße Elster

32

4

41

Bistumshöhe

17

A38

🌲 Belantis

Großstädt

B2

Pleiße

Tour 4 Neuseenland-Radroute 95,5 km

HM/km: ↗ 2,1 (198m) ↘ 2,1 (199m) **Radweg:** 57 % **Unbefestigt:** 8 % **Verkehr:** 6 %

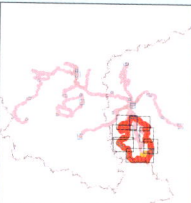

Die Rundtour startet am Bahnhof Markkleeberg und führt Sie in östlicher Richtung durch das Leipziger Neuseenland. An neun der neuen Seen vorbei zeigt diese Tour eindrucksvoll den Landschafts- und Strukturwandel von der Tagebau- zur Erholungsregion.

Sie radeln am Markkleeberger und am Störmthaler See mit seiner Vineta Kirche entlang. Vorbei am Hainer See radeln Sie weiter und entdecken Bornas historische Altstadt mit der umgesetzten Emmauskirche. Durch ländliche Idylle radeln Sie zur uralten Wiprechtsburg und dem barocken Schloss Wiederau. Am Zwenkauer See können Sie sich ein Boot ausleihen oder im kühlen Nass erfrischen. Weitere Highlights sind der Freizeitpark Belantis und die Bistumshöhe am Cospudener See, bevor Sie schließlich nach Markkleeberg zurückfahren.

Charakteristik

Start/Ziel: Markkleeberg

Wegbeschaffenheit: Die Route verläuft überwiegend auf asphaltierten Straßen und Radwegen, bis auf ein unbefestigtes Teilstück am Haselbacher See.

Verkehr: Sie fahren meist auf ruhigen Straßen und teilweise auf Radwegen, mit etwas mehr Verkehr ist nur in den Orten zu rechnen.

Beschilderung: Durchgängige Beschilderung.

Steigungen: Bei dieser sanft hügeligen Tour geht es immer wieder bergauf und bergab.

An- und Abreise: S-Bahn 3, 4, 5, 5X und 6 Markkleeberg

Anschlusstour(en): 1, 2, 3

Blick auf den Markkleeberger See

1 Markkleeberg s. S.37
2 Auenhain (Markkleeberg)
Vorwahl: 034297

❊ **Kanupark Markkleeberg**, Wildwasser-kehre 1, ✆ 141291. Der Kanupark am Markkleeberger See ist eine der mo-dernsten Wildwasseranlagen Europas, @ dot713

❊ **Kletterpark**, Am Paddelsteg 2, ✆ 988840 ⌖ 24 Masten ermöglichen ein Klettervergnügen und Panoramaklettern bis in 12 m Höhe. Außerdem gibt es eine Adventure-Golf Anlage. @ uuk762

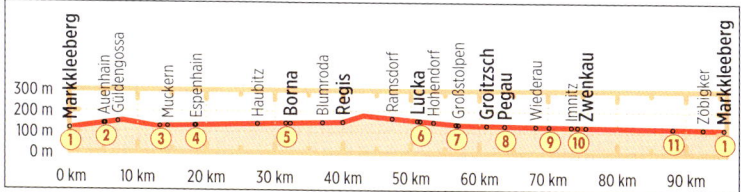

Markkleeberg · Auenhain Güldengossa · Muckern · Espenhain · Haubitz · Borna · Blumroda Regis · Ramsdorf · Lucka Hohendorf · Großstolpen · Groitzsch Pegau · Wiederau · Imnitz Zwenkau · Zöbigker · Markkleeberg

300 m
200 m
100 m
0 m

① ② ③ ④ ⑤ ⑥ ⑦ ⑧ ⑨ ⑩ ⑪ ①

0 km 10 km 20 km 30 km 40 km 50 km 60 km 70 km 80 km 90 km

Güldengossa (Großpösna)

⚅ Schloss Güldengossa, Schulstr. 11. Das 1285 erstmals erwähnte Rittergut wurde 1720 zu einem Herrenhaus im spätbarocken Stil umgebaut. 2006 wurde das Schloss schließlich von der Familie Geiger gekauft und restauriert. Seitdem ist es Stammsitz der Aktiengesellschaft Geiger Edelmetalle. @ glq366

Störmthal   s. S.40

3 Dreiskau-Muckern   s. S.42

Pötzschau (Rötha)

4 Espenhain

Espenhain ist geprägt durch den Braunkohleabbau, der 1896 begann. Über dem Ort und seiner Umgebung lag immer eine Wolke von Phenolen, Schwefel, Ruß und Asche und in den 1970er Jahren erlangte Espenhain traurige Berühmtheit als der schmutzigste Ort der DDR.

Haubitz (Borna)

5 Borna

Vorwahl: 03433

ℹ Stadt- und Touristinformation, Markt 2, ☎ 873195, @ nfh173

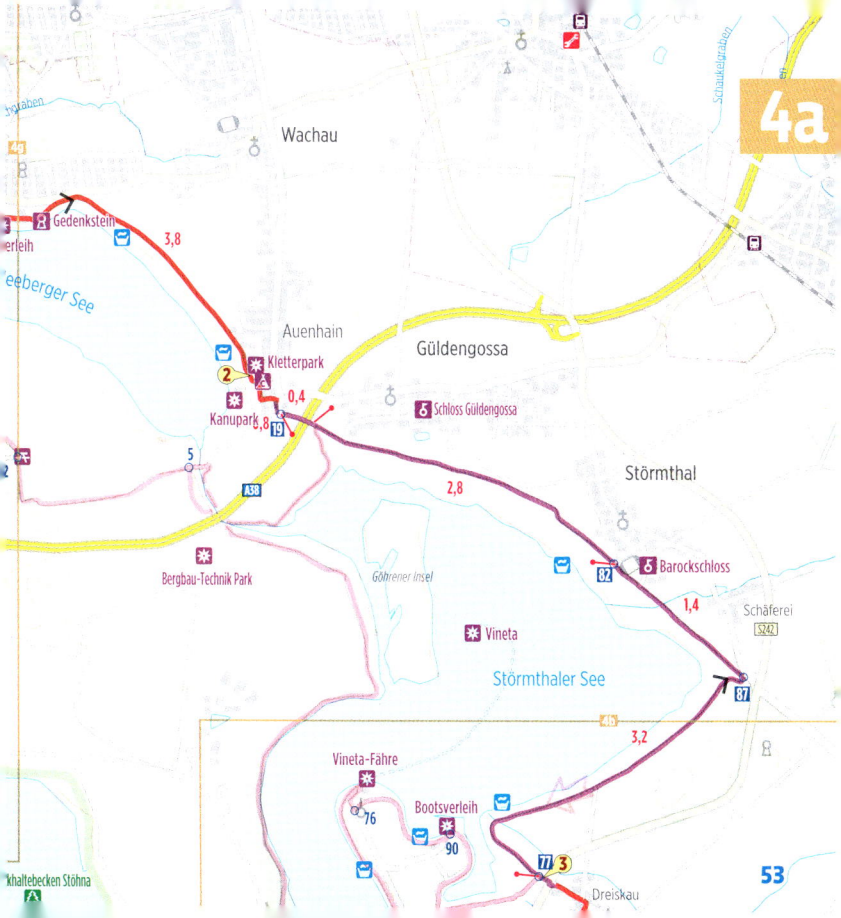

Wachau

Gedenkstein

3,8

verleih

eberger See

Auenhain

Güldengossa

Kletterpark

2

0,4

Kanupark **,8**

19

Schloss Güldengossa

Störmthal

5

A38

2,8

Bergbau-Technik Park

Göhrener Insel

Barockschloss

82

Schäferei

S242

1,4

Vineta

Störmthaler See

87

4b

3,2

Vineta-Fähre

76

Bootsverleih

90

77 **3**

khaltebecken Stöhna

Dreiskau

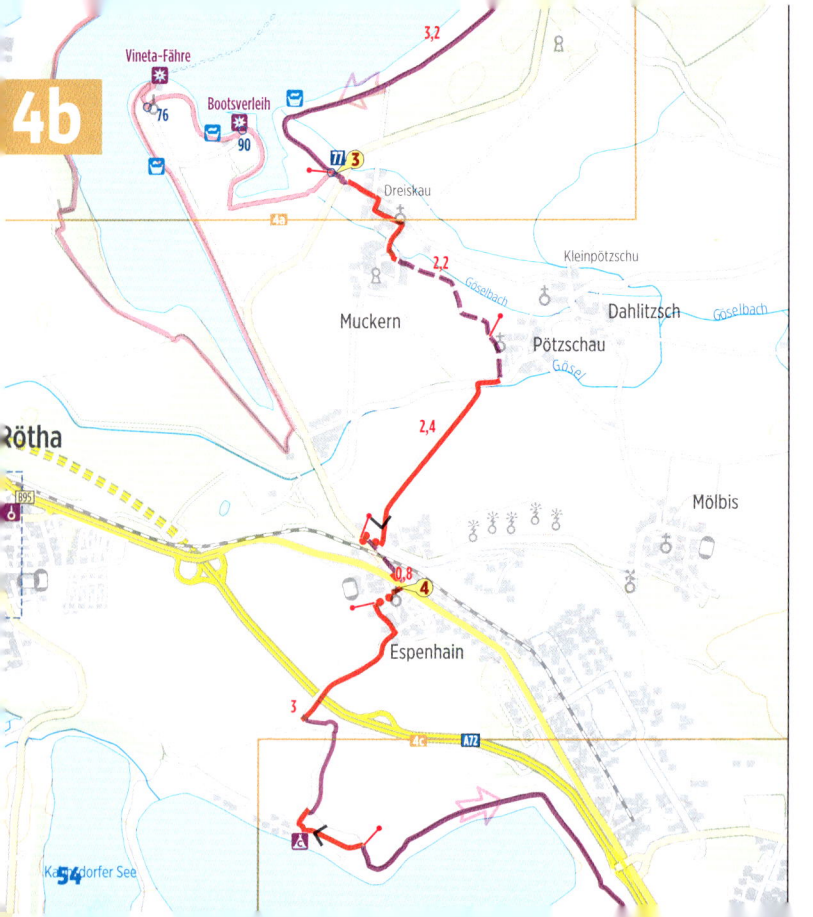

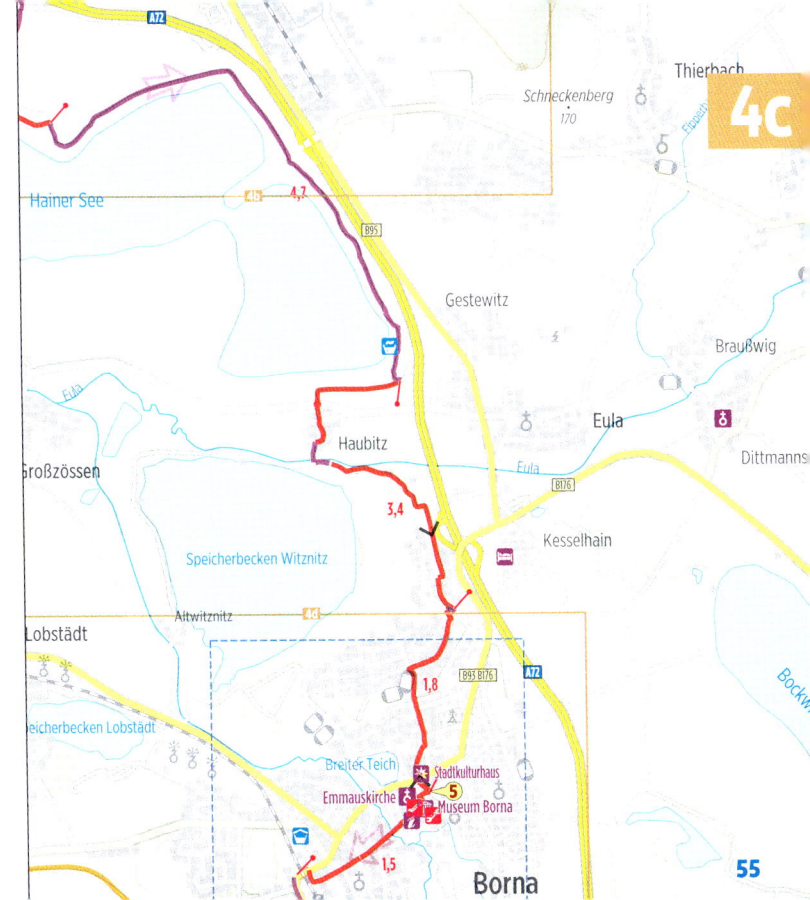

Thierbach

Schneckenberg
170

A72

4c

Hainer See

4,7

B95

Gestewitz

Braußwig

Eula

Dittmanns

Haubitz

Großzössen

3,4

Eula

B176

Kesselhain

Speicherbecken Witznitz

Altwitznitz

Lobstädt

B93 B176

A72

Speicherbecken Lobstädt

1,8

Breiter Teich

Stadtkulturhaus

Emmauskirche

5

Museum Borna

1,5

Borna

Bockw

Borna

Museum Borna, An der Mauer 2-4, ☏ 27860 ⊜ Zu sehen sind die Wachstube und die Türmerwohnung. Die Dauerausstellung in den angrenzenden Gebäuden beschäftigt sich mit den wirtschaftlichen Aspekten der Stadtgeschichte, insbesondere dem Braunkohlenbergbau. Anhand von Grabungsfunden wird auch ein Exkurs in die Ur- und Frühgeschichte des Bornaer Landes gemacht. @ byn717

Emmauskirche, Martin-Luther Pl. ® Die älteste Wehrkirche Sachsens wurde 1258 in Heuersdorf erbaut. Da der Ort im Jahr 2008 dem Braunkohleabbau weichen musste, wurde die Kirche nach Borna umgesetzt. Aufgrund des Gewichts von 1000 t musste ein 800 PS starker Spezialtrailer die Kirche transportieren.

Stadtkulturhaus, Sachsenallee 47, ☏ 209760. Konzerte, Kabarett, Theater, Tanz und Kinovorstellungen. @ nnr522

Jahnbad, Deutzener Str. 29, ☏ 7778834, @ tvo822

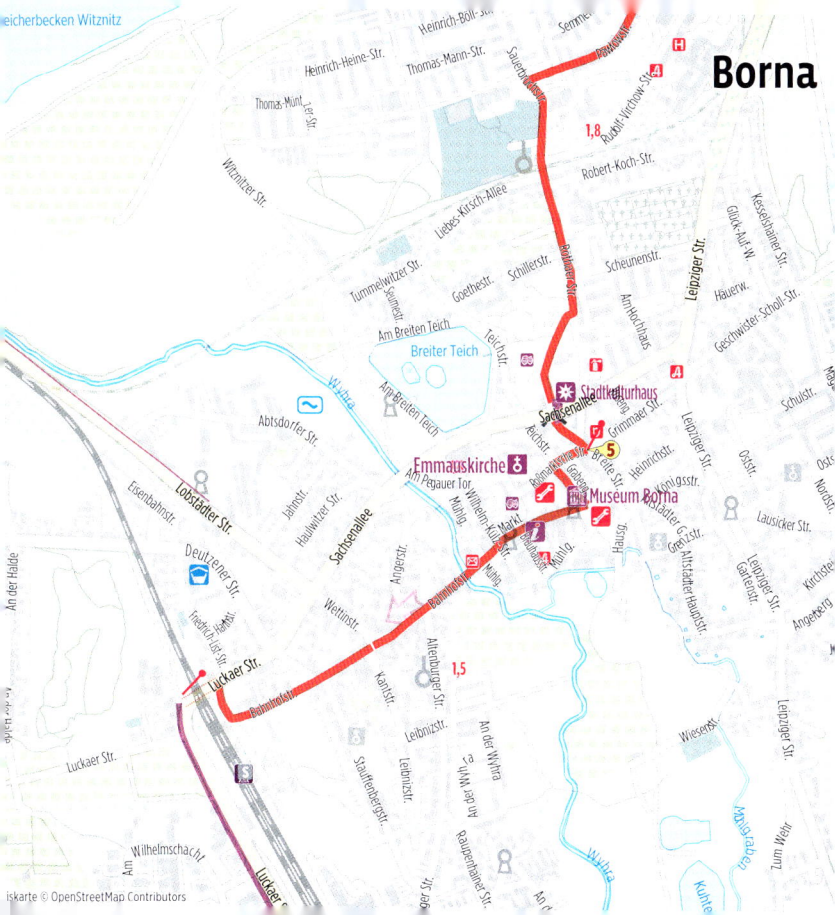

Borna

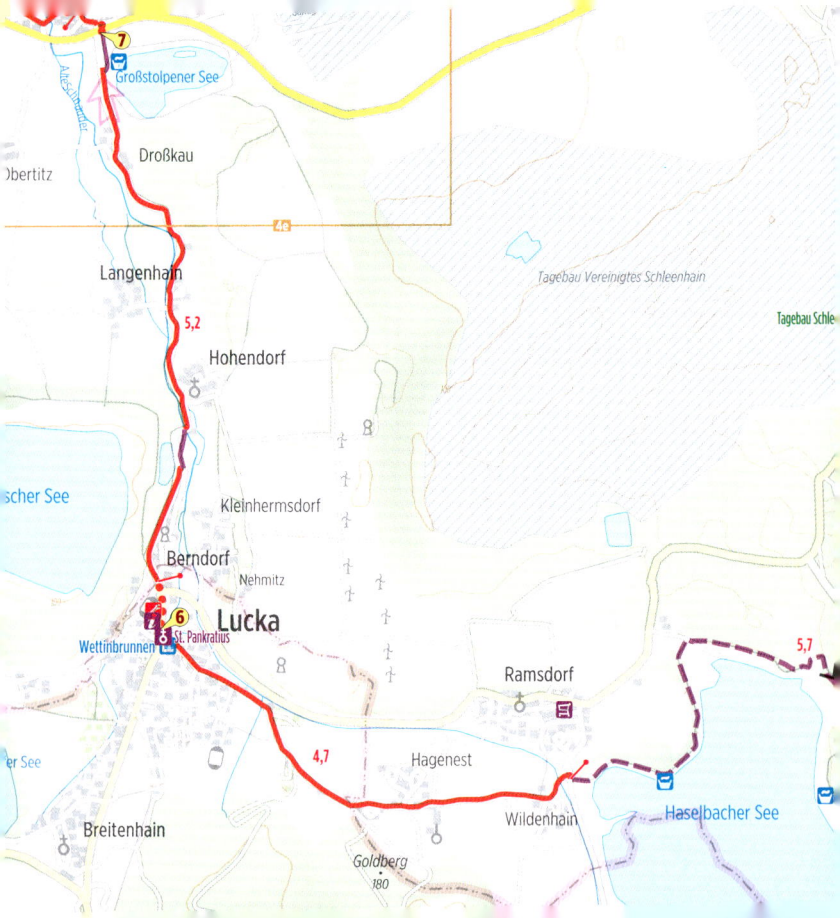

7

Großstolpener See

Droßkau

Obertitz

4a

Langenhain

5,2

Tagebau Vereinigtes Schleenhain

Tagebau Schle

Hohendorf

...scher See

Kleinhermsdorf

Berndorf

Nehmitz

6 Lucka

Wettinbrunnen St. Pankratius

Ramsdorf

5,7

4,7

Hagenest

Haselbacher See

...er See

Breitenhain

Wildenhain

Goldberg
180

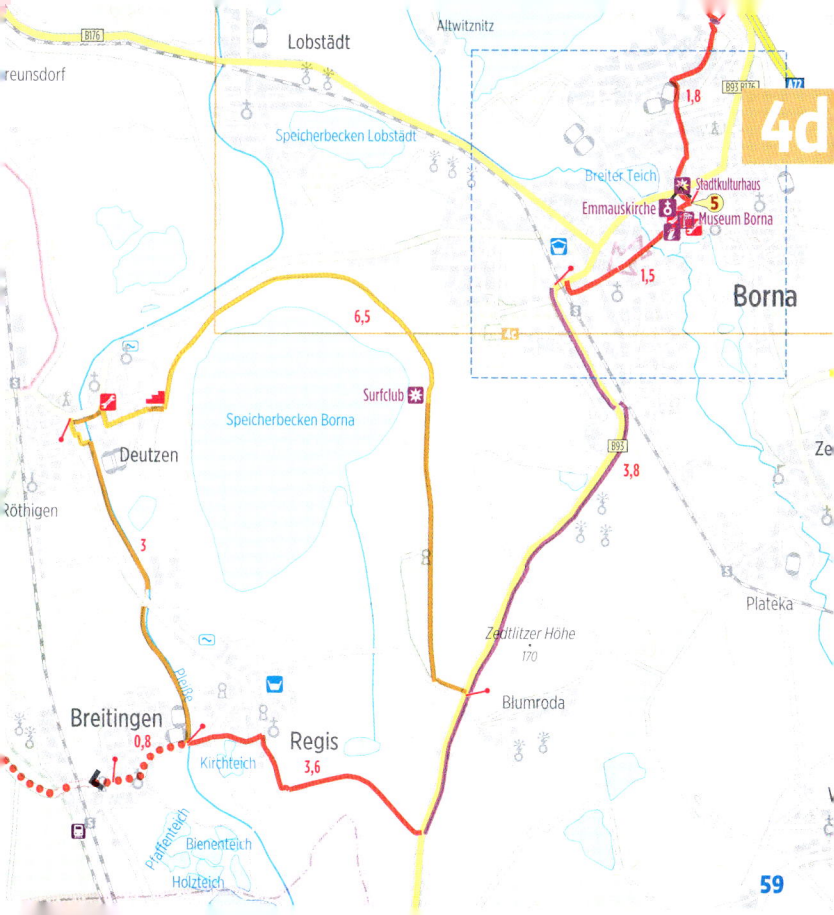

B176

Lobstädt

Altwitznitz

B95 B176

172

4d

1,8

reunsdorf

Speicherbecken Lobstädt

Breiter Teich

Stadtkulturhaus

5

Emmauskirche

Museum Borna

Borna

1,5

6,5

Surfclub

Speicherbecken Borna

Deutzen

B95

3,8

Ze

Röthigen

3

Plateka

Zedtlitzer Höhe
170

Blumroda

Breitingen

0,8

Regis

3,6

Kirchteich

Pfaffenteich

Bienenteich

Holzteich

TIPP Hinter Borna führt die offizielle Route, in der Karte orange eingezeichnet, um das Speicherbecken Borna herum. Da dieser Abschnitt teilweise gesperrt und sanierungsbedürftig ist, empfehlen wir, über den Dammweg nach Regis-Breitingen zu radeln und von dort wieder auf der offiziellen Route zu fahren.

Deutzen (Neukieritzsch)

✳ Aussichtspunkt Tagebau Schleenhain, Bahnhofstr. 1 ㉔ Der Aussichtspunkt am Tagebaurand bietet einen Blick auf das aktuelle Tagebaugeschehen und informiert zusätzlich mit Tafeln über die bergmännische Arbeit.

Regis-Breitingen

✉ Regis, Am Freibad 1, ☎ 034343/55942, ☎ 01577/4137229, @ ito387

Wildenhain (Regis-Breitingen)

✉ Haselbacher See @ vnc457

6 Lucka

Vorwahl: 034492

ℹ Stadtverwaltung, Pegauer Str. 17, ☎ 310, @ xxc478

⛪ St. Pankratius, Kirchpl., ☎ 24301. Die 1396 erstmals erwähnte Kirche wurde im Jah-

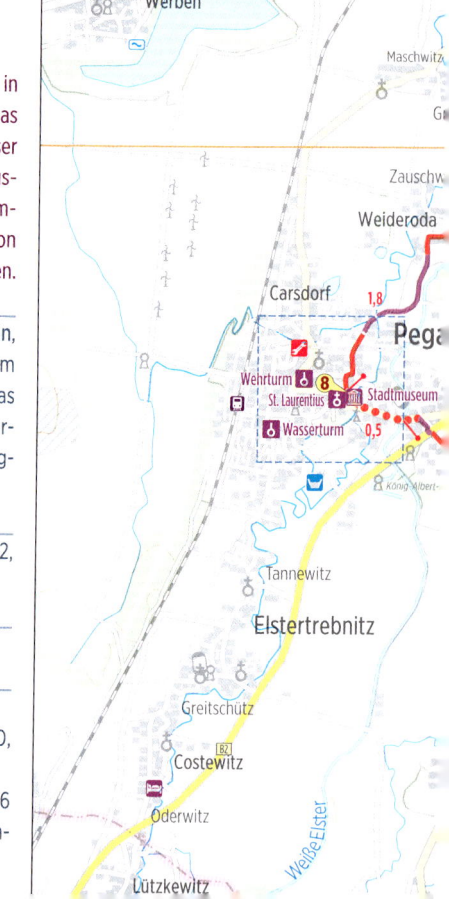

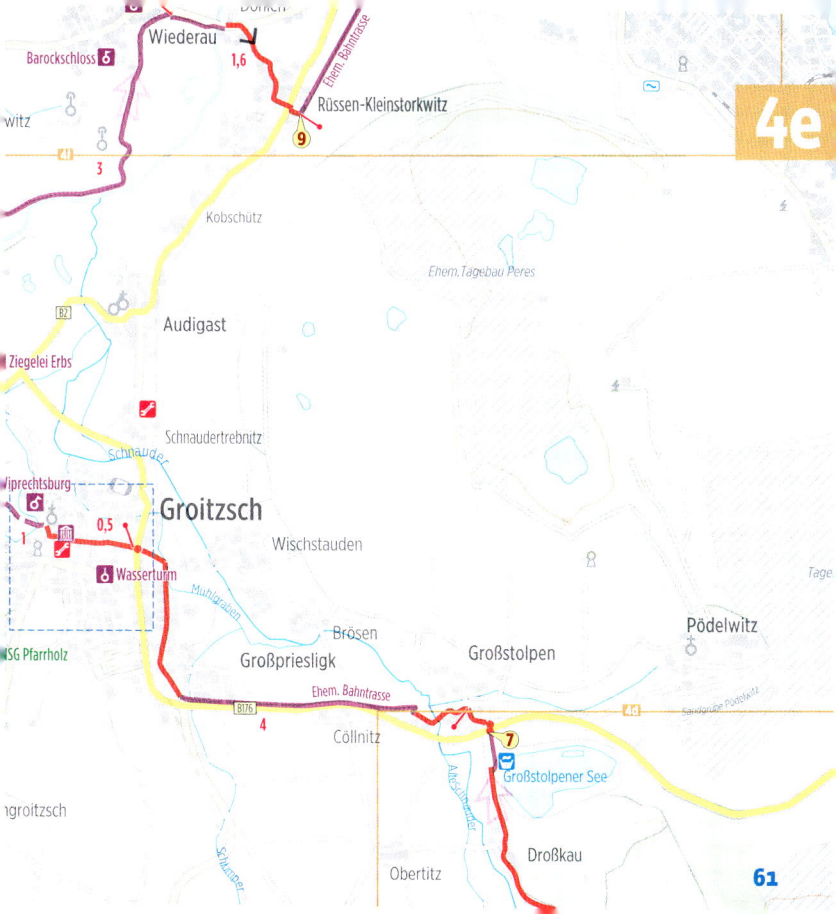

Dörfch...
Wiederau
Barockschloss 🔔
1,6
...witz
Rüssen-Kleinstorkwitz
9
3
Kobschütz
Ehem. Tagebau Peres
Audigast
B2
Ziegelei Erbs
Schnaudertrebnitz
Wiprechtsburg
Groitzsch
0,5
Wischstauden
1
Wasserturm
Pödelwitz
Großprieslig
Brösen
Großstolpen
NSG Pfarrholz
Tage...
Ehem. Bahntrasse
B176
Cöllnitz
Großstolpener See
4
7
...groitzsch
Droßkau
Obertitz

Basiskarte © OpenStreetMap Contributors

re 1637 durch einen Brand zerstört. Aus Geldmangel wurde sie vorerst ohne Turm wiederaufgebaut, dieser wurde erst 1891 angebaut. @ hqg137

✳ **Wettinbrunnen**, Kirchpl. @ Das Wahrzeichen von Lucka wurde 1908 vom Maler und Bildhauer Prof. Reinhold Carl erbaut.

Berndorf (Groitzsch)

7 Großstolpen (Groitzsch)

▣ **Großstolpener See** @ mpy817

Großpriesligk (Groitzsch)
Groitzsch

Vorwahl: 034296

🏛 **Museumskomplex am Stadtturm**, Albin-Jahn-G. 2, ✆ 42867 ◔◑ In drei Gebäuden werden unterschiedliche Aspekte der Geschichte thematisiert: Im Hauptgebäude wird über die Geschichte der Stadt informiert, im Stadtturm, dem Turm der ehemaligen Stadtkirche, können ehemalige Gefängniszellen und eine Mineralienausstellung besichtigt werden und in der Alten Wache Ausstellungen zu Handwerken. @ xid243

🚩 **Wiprechtsburg.** Um 1073/74 wurde die Burg erstmals urkundlich erwähnt, als Graf Wiprecht von Groitzsch sich hier niederließ. Heute sind nur noch Reste der ehemaligen Burganlage erhalten, diese wurden mehrmals archäologisch untersucht und die gesamte Anlage als Bodendenkmal klassifiziert. Schließlich handelt es sich bei den noch erhaltenen

Bauten um die ältesten Steinbauten in Sachsen. Auf dem Gelände befindet sich heute auch ein Flursteinlapidarium. @ nww268

🔲 **Wasserturm**, Altenburger Str./ Ecke Südstr., Ecke Südstr. Das 1904 errichtete Stahlskelettbauwerk mit einer Höhe von 45 m gilt als Wahrzeichen der Stadt und ist auch heute noch in Betrieb.

🔲 **Naturschutzgebiet Pfarrholz**. Das etwa 12 ha große Naturschutzgebiet Pfarrholz ist ein artenreiches Auenland, das von der Schwennigke durchflossen wird.

8 Pegau

Vorwahl: 034296

🔲 **Stadtverwaltung**, Markt 1, ✆ 9800, @ lrv677

🔲 **Stadtmuseum**, Markt 1, ✆ 98033 ☺ Das Museum zur Geschichte der Stadt ist über die Wendeltreppe des Rathausturmes zu erreichen. @ dxd784

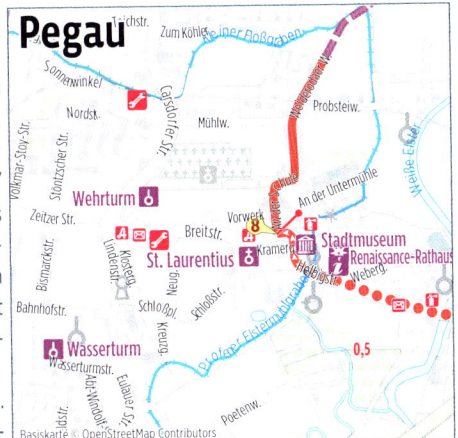

🔲 **Ziegelei Erbs**, Audigaster Str., ✆ 98033 ⟲⟲ Die Ziegelei aus dem Jahr 1909 wurde 1980 unter Denkmalschutz gestellt und ist seit 1994 als technisches Denkmal für die Öffentlichkeit zugänglich.

🔲 **St. Laurentius**, Kirchpl. 6, ✆ 76464. Die ursprünglich romanische Kirche aus der Mitte des 12. Jhs. wurde um 1463 im gotischen Stil umgebaut. Im Turmgewölbe ist die Grabplatte des Markgrafen Wiprecht II. (1050-1124) untergebracht.

63

- **Wasserturm**. Der um 1910 erbaute Wasserturm ist mit einer Höhe von über 45 m das höchste Gebäude der Stadt.
- **Wehrturm**, Am Schwanenteich. Nachdem sich die alte Stadtbefestigung aus Lehm während der Hussiteneinfälle und des sächsischen Bruderkrieges als unzureichend herausgestellt hatte, wurde eine Stadtmauer aus gebrannten Ziegelsteinen errichtet. Von dieser Befestigung blieb der Wehrturm erhalten.
- **Renaissance-Rathaus**, Markt. Zwischen 1559 und 1561 wurde das Rathaus nach Plänen des Leipziger Bau- und Bürger-

Zwenkau, Sattelhof

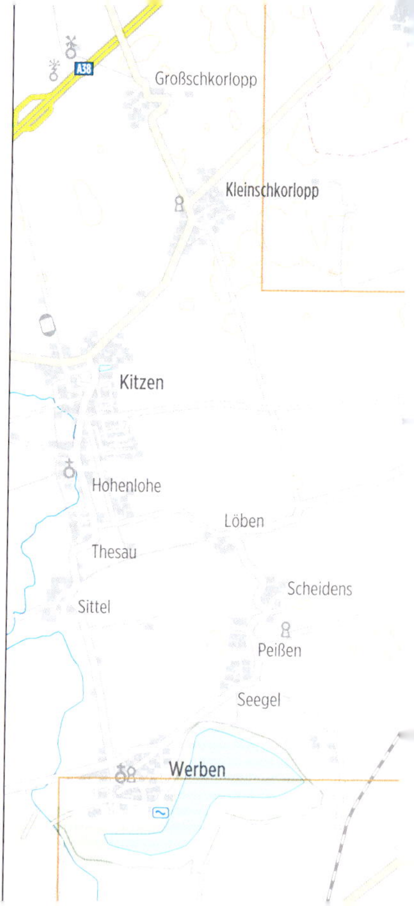

Zwenkauer See

Bootsverleih
50
MS Santa Barbara
Bergbauausstellungspavillon

5

Zwenkau

2

66
61

Wasserturm
10 Haus Rabe

Zitzschen

Sättelhof

Kotzschbar

62

B2

52

Weiße Elster

1

Kleindalzig

Imnitz

B186

Großdalzig

Kuhberg
130

Tellschütz

Löbschütz

2,8

B2

St. Johannes

Döhlen

Wiederau

1,6

Barockschloss

Rüssen-Kleinstorkwitz

Großstorkwitz

meisters Hieronymus Lotter erbaut. Die letzte Umgestaltung des Gebäudes fand um 1900 statt. Über eine hölzerne Wendeltreppe ist die Türmerstube erreichbar, von dort ergibt sich ein schöner Ausblick über die Stadt.

Weideroda (Pegau)

Wiederau (Pegau)

🔹 **St. Johannes**, Hauptstr. 45. Die ursprünglich romanische Kirche aus dem Jahr 1300 wurde zu Beginn des 18. Jhs. in eine Barockkirche umgebaut.

🔹 **Barockschloss Wiederau**, Am Schloss. In dem zwischen 1697 und 1705 erbauten Schloss ist vor allem das Deckengemälde in dem über zwei Etagen reichenden Festsaal bemerkenswert. Geschaffen hat das Werk der italienische Maler Giovanni Francesco Marchini.

9 Rüssen-Kleinstorkwitz (Zwenkau)

Löbschütz (Zwenkau)

10 Zwenkau

Vorwahl: 034203

🔹 **Stadtverwaltung**, Bürgermeister-Ahnert Pl. 1, ☎ 5090, @ rta276

🏛 **Bergbauausstellungspavillon**, Leipziger Str. 160, ☎ 5090 ♿ Die Glas-, Stahlkonstruktion des Pavillons soll an die Abraumförderbrücke AFB 18 erinnern, die ein bekanntes Wahrzeichen für die Entwicklung des Braunkohleabbaus in und um Zwenkau war. Die Ausstellung zur Bergbaugeschichte zeigt u. a. ein Modell der Abraumförderbrücke und die Nachbildung eines Bergbauschachtes. @ ygj674

🔹 **Wasserturm**, Wasserturmstr. 5. Der 47 m hohe Turm wurde 1904 nach Plänen des Leipziger Architekten Clemens Thiele erbaut, er ist noch immer in Betrieb.

✴ **Bootsverleih**, An der Mole 1. SUPs, Paddel- und Segelboote sowie Motorboote werden von diversen Verleihen im Hafen angeboten. @ vyg135

✴ **Fahrgastschiff MS „Santa Barbara"**, An der Mole 1, ☎ 43570. Rundfahrten auf dem Zwenkauer See. @ qtv525

✴ **Haus Rabe**, Ebertstr. 24-26. Das Wohnhaus wurde 1930 von dem Architekten Adolf Rading im Bauhausstil errichtet, die

Zwenkauer See

Innengestaltung stammt von Oskar Schlemmer. @ ngv832

🌸 **Sattelhof**, Pfarrg. 8, ✆ 62358. Der 1431 erstmals erwähnte Sattelhof ist der älteste seiner Art im Südraum Leipzigs, Teile des spätgotischen Gebäudes stammen von einem Vorgängerbau aus dem 14. Jh. Im Laufe der Zeit wurde der Hof baulich stark verändert, vor allem aus der Barockzeit stammen einige Umbauten. Heute wird das Gebäude für kulturelle Veranstaltungen genutzt. @ egi653

🛏 **Waldbad**, Anna-Seghers Str. 15, ✆ 52149, @ inl767

🛏 **Zwenkauer See**, Hafenstr., ✆ 43570, @ lon761

Zitzschen (Zwenkau)

11 Hartmannsdorf (Leipzig)

Vorwahl: 0341

🌸 **Bistumshöhe** ㉔ Am Südwestufer des Cospudener Sees bietet der 35 m hohe Aussichtsturm einen fantastischen Blick über den Cospudener See, den ehemaligen Elsterstausee, den Belantis Vergnügungspark und über die Neue Harth.

🌸 **Belantis**, Zur Weißen Mark 1, ✆ 91033333 ㉖ Der größte Freizeitpark Mitteldeutschlands bietet auf der 27 ha großen Fläche

Bistumshöhe, Aussichtsturm

des ehemaligen Braunkohletagebaus Zwenkau acht Themenwelten mit über 60 Attraktionen und Shows. @ cpv283

Zöbigker (Markkleeberg)

- Cospudener See, Mühlweg, @ dgs846
- Südseefloß, Zöbigker Hafen, Pier1, ✆ 0176/24496789, ✆ 0163/1567507. Vermietung eines ca. 24 m² großen Floßes, mit dem man führerscheinfrei über den See fahren kann. @ jqi356

1 Markkleeberg s. S.37

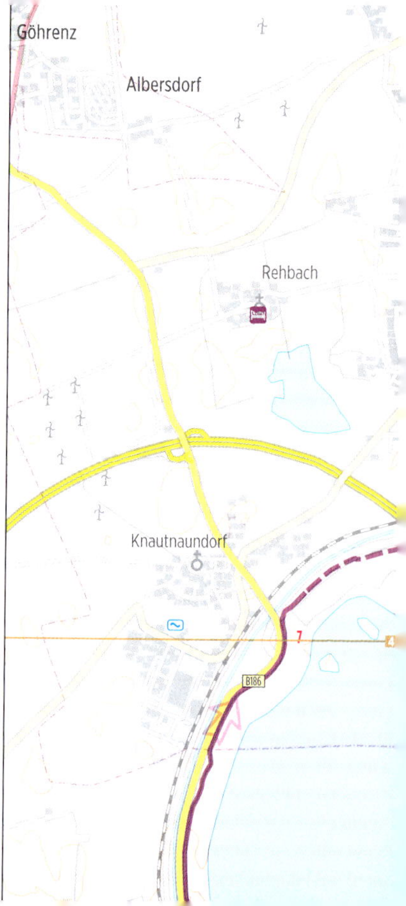

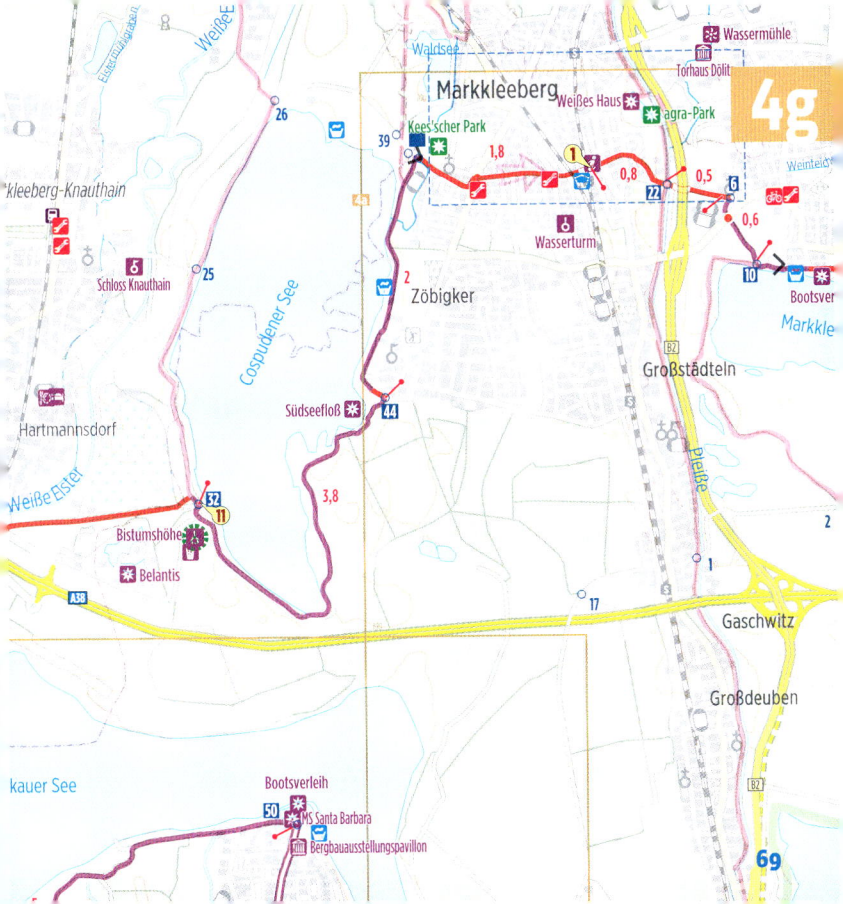

Wassermühle
Torhaus Dölit
Markkleeberg
Weißes Haus
agra-Park
Kees'scher Park
1,8
0,8
0,5
Weinteidt
22
6
Wasserturm
0,6
10
Bootsver
Markkle
kleeberg-Knauthain
Schloss Knauthain
25
Zöbigker
Großstädteln
2
Hartmannsdorf
Südseefloß
44
Weiße Elster
32
3,8
11
Bistumshöhe
Belantis
17
1
2
A38
Gaschwitz
Großdeuben
Waldsee
kauer See
Bootsverleih
50
MS Santa Barbara
Bergbauausstellungspavillon

4g

Tour 5   Radroute Zentrum-Kulkwitzer See

26,4 km

HM/km: ⚡1,1 (30m) ⚡1,1 (30m)   **Radweg:** 80 %   **Unbefestigt:** 16 %   **Verkehr:** 1 %

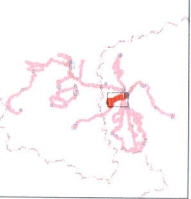

Die Route führt vom Neuen Rathaus im Zentrum von Leipzig über Grünau zum Kulkwitzer See, den Sie dann im Uhrzeigersinn umrunden. Auf der familienfreundlichen Tour bieten sich immer wieder Möglichkeiten zum Baden oder Picknicken.

Der verhältnismäßig kleine Kulkwitzer See (170 ha) gehört zu den ersten Tagebauseen des Leipziger Neuseenlandes, er hat eine hervorragende Wasserqualität und ist auch ein bedeutendes Tauchgewässer mit Unterwasserplattformen und versunkenen Tauchobjekten.

Charakteristik

Start/Ziel: Leipzig, Neues Rathaus

Wegbeschaffenheit: Die Route verläuft auf befestigten Radwegen und asphaltierten Straßen. Nur um den See herum radeln Sie streckenweise auf unbefestigten Sand- und Waldwegen.

Verkehr: Sie fahren auf Radwegen und ruhigen Straßen.

Beschilderung: Teilweise Beschilderung mit grünem Fahrrad auf weißem Hintergrund.

Steigungen: Die Strecke verläuft weitgehend eben, nur bei Göhrenz gibt es eine Erhebung.

Anschlusstour(en): 1, 3, 6, 7, 10

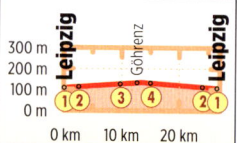

Kulkwitzer See

1 Leipzig s. S.19
2 Plagwitz (Leipzig)
Vorwahl: 0341

🏛 **Museum für Druckkunst**, Nonnenstr. 38, ☎ 231620 🚪 Besucher können hier anhand vieler historischer Maschinen sehen, wie in den letzten 500 Jahren gedruckt wurde. @ glo233

🏛 **Unikatum**, Zschochersche Str. 26, ☎ 3061986 🚪 Das Kinder- und Jugendmuseum wurde 2010 von der Künstlerin Annegret Hänsel gegründet, es präsentiert wechselnde, interaktive Mitmach-Ausstellungen. @ her814

🛶 **Sportbad an der Elster**, Antonienstr. 8, ☎ 42056280, @ uao355

Grünau (Leipzig)

🛶 **Grünauer Welle**, Stuttgarter Allee 7, ☎ 0341/4152990, @ mhx274

✳ **Bootsverleih am Kulkwitzer See**, Seestr., ☎ 0177/5025708. Tretboote, Ruderboote und Kajaks. @ avp562

3 Vor dem See biegen Sie links ab, um denselbigen im Uhrzeigersinn zu umrunden.
TIPP

Göhrenz (Markranstädt)
4 Markranstädt
Vorwahl: 034205

🚹 **Stadt Markranstädt**, Markt 1, ☎ 610, @ flr851

🏛 **Heimatmuseum**, Hordisstr. 1, Altes Ratsgut, ☎ 208949 🌙 Das Museum dokumen-

Plagwitz

tiert die Geschichte der Stadt anhand von Schriften und alten Handwerksgegenständen. @ pxc281

🔳 **St. Laurentius**, Markt, ✆ 83244. Die spätgotische, einschiffige Hallenkirche wurde 1518-25 auf den Mauern eines älteren Baus errichtet. Der Turm wurde vom romanischen Vorgängerbau übernommen. Im Jahr 1871 wurde sie im neugotischen Stil restauriert, ihr heutiges Erscheinungsbild erhielt die Kirche um 1900.

🔲 **Stadtbad**, Weststr. 23, ✆ 699574, @ gmr368

🔲 **Kulkwitzer See**, Falkenhain, ✆ 33796718, @ bxu274

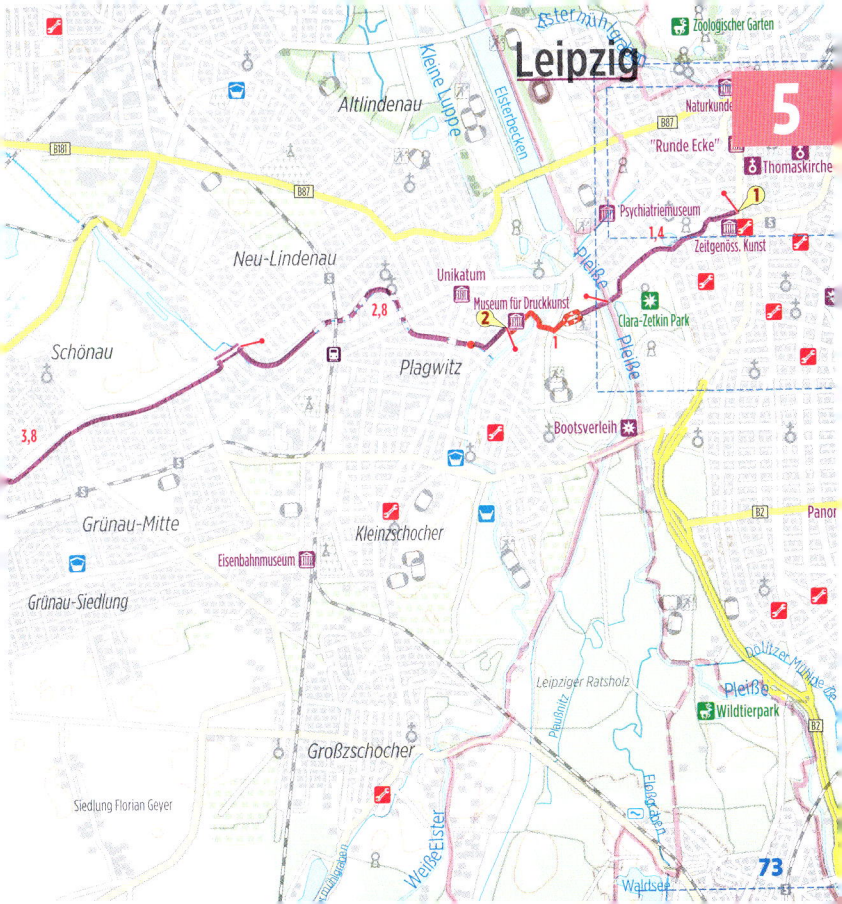

Leipzig

Östermühlgraben

Zoologischer Garten

Kleine Luppe

Elsterbecken

Altlindenau

Naturkunde

B87

"Runde Ecke"

Thomaskirche

B181

B87

Psychiatriemuseum

1,4

Zeitgenöss. Kunst

Neu-Lindenau

Unikatum

Museum für Druckkunst

2,8

1

Clara-Zetkin-Park

Schönau

Plagwitz

Bootsverleih

3,8

Kleinzschocher

Grünau-Mitte

Eisenbahnmuseum

B2

Panor

Grünau-Siedlung

Dölitzer Mühle

Pleiße

Leipziger Ratsholz

Wildtierpark

Großzschocher

Paußnitz

Elsterflutbett

Siedlung Florian Geyer

Weiße Elster

Wahlsee

Tour 6 Elster-Saale-Radweg 28,9 km

HM/km: ↗1,2 (36m) ↘2,0 (58m) | Radweg: 77 % | Unbefestigt: 11 % | Verkehr: 7 %

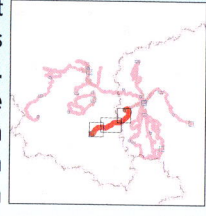

Die Tour startet in Markranstädt und führt über das Westufer des Kulkwitzer Sees, nach Göhrenz. Ab hier verläuft der asphaltierte Radweg 13 km lang auf der alten Kohle-Bahnstrecke vorbei an den Kulkwitzer Lachen durch Seebenisch und Meuchen nach Lützen. Danach geht es auf Wirtschaftswegen über Röcken, den Geburts- und Begräbnisort Friedrich Nietzsches, nach Rippach. Teilweise auf der Straße radeln Sie nach Dehlitz und ab da direkt entlang der Saale zum Ziel Ihrer Tour, der barocken Residenzstadt Weißenfels.

und asphaltierten Straßen. Nur zwei kurze Teilstücke sind unbefestigt.

Verkehr: Sie fahren hauptsächlich auf Radwegen und teilweise auf ruhigen Straßen. Mit erhöhtem Verkehrsaufkommen ist nur bei der Einfahrt nach Weißenfels zu rechnen.

Beschilderung: Bis auf das Stück entlang des Kulkwitzer Sees ist die Route durchgehend beschildert.

Steigungen: Die Strecke verläuft weitgehend eben, nur bei Göhrenz gibt es eine Erhebung.

Charakteristik

Start: Markranstädt

Ziel: Weißenfels

Wegbeschaffenheit: Die Route verläuft großteils auf befestigten Radwegen

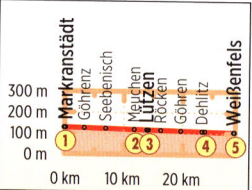

An- und Abreise: Regional-Bahn RB 17, 20 und 25 Markranstädt, RB 16, 17, 20 und 25 und Regionalexpress Weißenfels

Anschlusstour(en): 5

1 Markranstädt

Vorwahl: 034205

🅸 Stadt Markranstädt, Markt 1, ☎ 610, @ flr851

🏛 **Heimatmuseum**, Hordisstr. 1, Altes Ratsgut, ☎ 208949 ☺ Das Museum dokumentiert die Geschichte der Stadt anhand von Schriften und alten Handwerksgegenständen. @ pxc281

⛪ **St. Laurentius**, Markt, ☎ 83244. Die spätgotische, einschiffige Hallenkirche wurde 1518-25 auf den Mauern eines älteren Baus errichtet. Der Turm wurde vom romanischen Vorgängerbau übernommen. Im Jahr 1871 wurde sie im neugotischen Stil restauriert, ihr heutiges Erscheinungsbild erhielt die Kirche um 1900.

🛁 **Stadtbad**, Weststr. 23, ☎ 699574, @ gmr368

🛁 **Kulkwitzer See**, Falkenhain, ☎ 33796718, @ bxu274

Göhrenz (Markranstädt)

Seebenisch (Markranstädt)

Kulkwitz (Markranstädt)

⛪ **Kirche Kulkwitz**, Str. der Einheit, ☎ 034205/83244. Die romanische Wehrkirche aus dem 12. Jh. ist eine der ältesten Sachsens. In der Apsis befindet sich eine Malerei aus dem 13. Jh. @ jpy117

🅰 **NSG Kulkwitzer Lachen** @ Das rund 70 ha große Naturschutzgebiet besteht zur Hälfte aus Wasserflächen. Vom Radweg aus kann man die verschiedensten Brutvögel, Zugvögel und auch schottische

Hochlandrinder und Leineschafe beobachten. Außerdem leben gefährdete Amphibien wie Rotbauchunken und Kammmolche in den Kulkwitzer Lachen. @ iru522

Gärnitz (Markranstädt)

2 Meuchen (Lützen)

🔓 **Gustav-Adolf Gedenkkirche**, Clara-Zetkin Str. 21, ☎ 034444/22068. Die romanische Chorturmkirche (13. Jh.) wurde zu Beginn des 16. Jhs. im gotischen Stil umgebaut und 1912 als Gedächtniskirche neu gestaltet.

Kirche Kulkwitz

3 Lützen

Vorwahl: 034444

🏛 **Stadt Lützen**, Markt 1, ☎ 3150, @ jga136

🔓 **St. Vitus**, Ernst-Thälmann Str. 3. Die spätgotische Kirche wurde 1488-1531 auf dem Areal eines romanischen Vorgängerbaus aus dem 13. Jh. erbaut. Nach einem Blitzeinschlag im Jahr 1778 wurde der ursprünglich 77 m hohe Turm um 10 m gekürzt.

🔓🏛 **Museum im Schloss**, Schloßstr. 4, ☎ 20228 ♿ Die Burganlage wurde 1252 erbaut und erhielt erst im 16. Jh. durch Bischof Sigismund von Lindenau seinen Schlosscharakter. Seit 1928 beherbergt es das Stadt- und Regionalgeschichtliche Museum. In diesem wird an die beiden bedeutenden Schlachten bei Lützen erinnert: die Schlacht bei Lützen von 1632, in der der Schwedenkönig Gustav II. Adolf sein Leben ließ, und die Schlacht bei Großgörschen von 1813. Eine weitere Ausstellung ist dem Dichter und Schriftsteller Johann Gottfried Seume gewidmet. @ rvc278

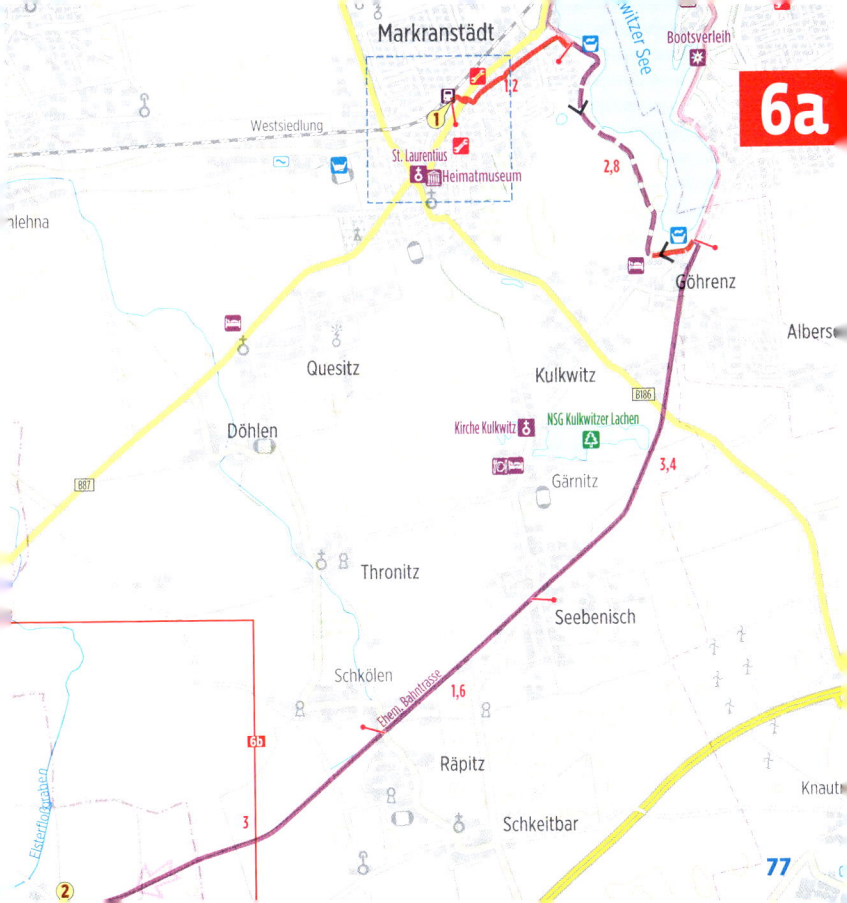

Markranstädt

Westsiedlung

St. Laurentius
Heimatmuseum

Bootsverleih

6a

1,2

2,8

Göhrenz

Albers

Quesitz

Döhlen

Kulkwitz

B186

Kirche Kulkwitz
NSG Kulkwitzer Lachen

Gärnitz

3,4

807

Thronitz

Seebenisch

Schkölen

Ehem. Bahntrasse

1,6

6b

Räpitz

Knaut

3

Schkeitbar

Elsterflutgraben

2

Lützen, Gustav-Adolf Gedenkstätte

Gustav-Adolf Gedenkstätte, Gustav-Adolf Str. 42, ☏ 20317 ♿ Die Stätte ist dem Schwedenkönig Gustav II. Adolf gewidmet, der 1632 während der Schlacht bei Lützen fiel. Bereits im Todesjahr wurde ein großer Findling als erstes Denkmal aufgestellt. Im Jahr 1837 folgte dann ein von Karl Friedrich Schinkel entworfener gusseiserner Baldachin.

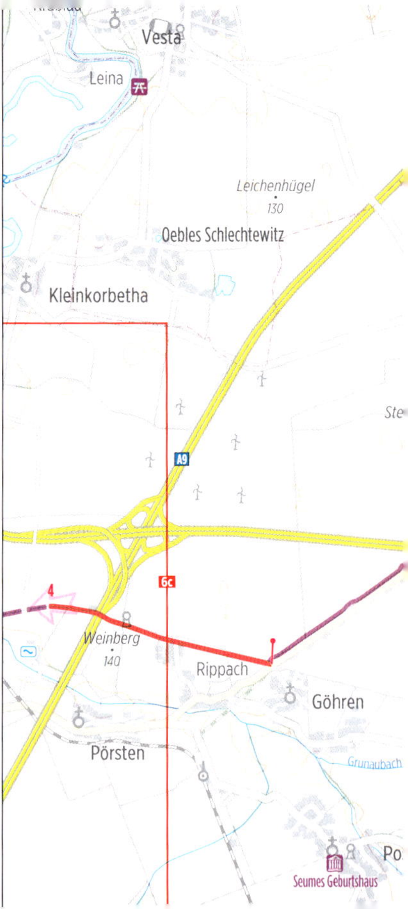

Zöllschen

Gustav-Adolf Gedenkstätte

Kletterwald
Tierpark Lützen

Ellerbach

Lützen

Elstermühlgraben

Schweßwitz

St. Viti

Museum im Schloss

Elstermühlgraben

6a

2,4

2

Meuchen

Michlitz

1,8

Gustav-Adolf-Gedenkkirche

Bothfeld

L188

3

B87

Dr

Nietzsche Gedenkstätte
Heimatstube

Röcken

A38

Elstermühlgraben

188

Kaja

Kleingörsche

Gostau

Heimatstube

witz

Dorfmuse

Starsiedel

Rahna

Sössen

Großgörs

Kölzen

1907 kam die Gustav-Adolf-Kapelle hinzu, später folgten noch zwei typisch schwedische Holzhäuser. @ rti363

🎪 **Tierpark Lützen**, Gustav-Adolf Str., ☎ 0172/3410774 ⌨ In dem ca. 32 ha großen Areal sind heimische Tiere in naturnahen Gehegen zu sehen. Es gibt einen Streichelzoo und einen Erlebnispark. @ qjr263

❈ **Kletterwald**, Martzschpark, ☎ 0173/1999224 ⌨ An 79 verschiedenen Elementen kann man seine Kletterkünste beweisen und an Seilbahnen bis zu 50 m Länge durch den Wald rasen. @ xrs317

Röcken

Vorwahl: 034444

🏛 **Heimatstube**, Teichstr. 26, ☎ 0179/4898259. In einem Klassenzimmer des alten Röckener Schulhauses wird die Dorfgeschichte des Ortes präsentiert. @ rtw541

🛐 **Dorfkirche**, Teichstr. 8, ☎ 20546 ⌨ Die in der ersten Hälfte des 12. Jhs. erbaute Kirche gehört mit ihrem Wehrturm zu den ältesten Kirchbauten der Region. Hier wurde Nietzsche getauft und sein Vater wirkte als Pfarrer. @ nea541

🛐 **Nietzsche Gedenkstätte**, Teichstr. 8, ☎ 169705 ⌨ Friedrich Nietzsche wurde am 15. Oktober 1844 in Röcken geboren. Obwohl er in Weimar starb, wurde er auch in der Familiengruft in Röcken bestattet. @ nxp734

Rippach

4 Dehlitz

🛐 **Dorfkirche Treben**, Dorfstr. 10. Der Turm und die Chorapsis der romanischen Kirche stammen aus dem 12. Jh., im 13. und 18. Jh. wurde die Kirche umgebaut und erweitert. Südlich der Kirche liegt ein slawischer Friedhof aus dem 12. Jh. Das einstige Dorf Treben wurde bereits vor Jahrhunderten durch eine Feuersbrunst zerstört.

5 Weißenfels

Vorwahl: 03443

ℹ **Tourist-Information Weißenfels**, Markt 3, ☎ 303070, @ kwa882

🏛 **Gustav-Adolf-Gedenkstätte**, Große Burgstr. 22, ☎ 333521 ⌨ In diesem Re-

A38

Kirchruine
Oeglitzsch

Schkortleben

Kriechau
4
Treben
Dehlitz
4
6b
Weinberg
140

Pörsten

Burgwerben

L188

Lösau

5

Tschirnhügel
135

Weißenfels Nord

Leunasiedlung

A9

Nellsch

5

Weißenfels

Borau

Neu-Augustusburg
Gustav-Adolf-Gedenkstätte

Kleben

Zörbitz

Gerstewitz

Heimatnaturgarten

B91

Kugelberg

Zorbau

Rockwindmühle

Auensee

Weißenfels, Schloss Neu Augustusburg

naissancebau von 1552 wurde nach einer Schlacht des Dreißigjährigen Krieges der gefallene König Gustav II. Adolf von Schweden 1632 obduziert. Ein Diorama rekonstruiert die Lützener Schlacht mit 10.000 Zinnfiguren. @ kca367

🏛 Heinrich-Schütz-Haus, Nikolaistr. 13, ☎ 302835 ⊕ Der Renaissancebau von 1550 diente dem ersten deutschen Komponisten von Weltgeltung ab 1651 als Alterssitz. @ lwy653

🏛 Novalis-Gedenkstätte, Klosterstr. 24, ☎ 234531 ⊕ Wohnhaus des Lyrikers, Prosadichters und bedeutenden Vertreters der Frühromantik Friedrich von Hardenberg (1772-1801) - auch bekannt als Novalis. Im angrenzenden Stadtpark befindet sich sein Grab. @ xbq156

🏛 Schuhmuseum, Zeitzer Str. 4, im Schloss Neu-Augustusburg, ☎ 2390017, ☎ 302552 ⊕ Die sehenswerte und geographisch weitgefächerte Sammlung präsentiert historisches Schuhwerk von skandinavischen Rindenbastschuhen über türkische Stelz- bis hin zu japanischen Strohsandalen. Auch Schausammlungen zur Stadt- und Schlossgeschichte. @ pps217

🛡 Stadtkirche St. Marien, Markt. In ihrem Kern eine frühgotische Hallenkirche (1157), im 15. Jh. bedeutend erneuert, mit beachtenswertem Altaraufsatz, Kanzel und Taufstein, allesamt aus dem 17. Jh.

🛡 Schlosskapelle St. Trinitatis, Zeitzer Str. 4. Die prächtige und im Original erhaltene Kirche zeigt das Zusammentreffen von

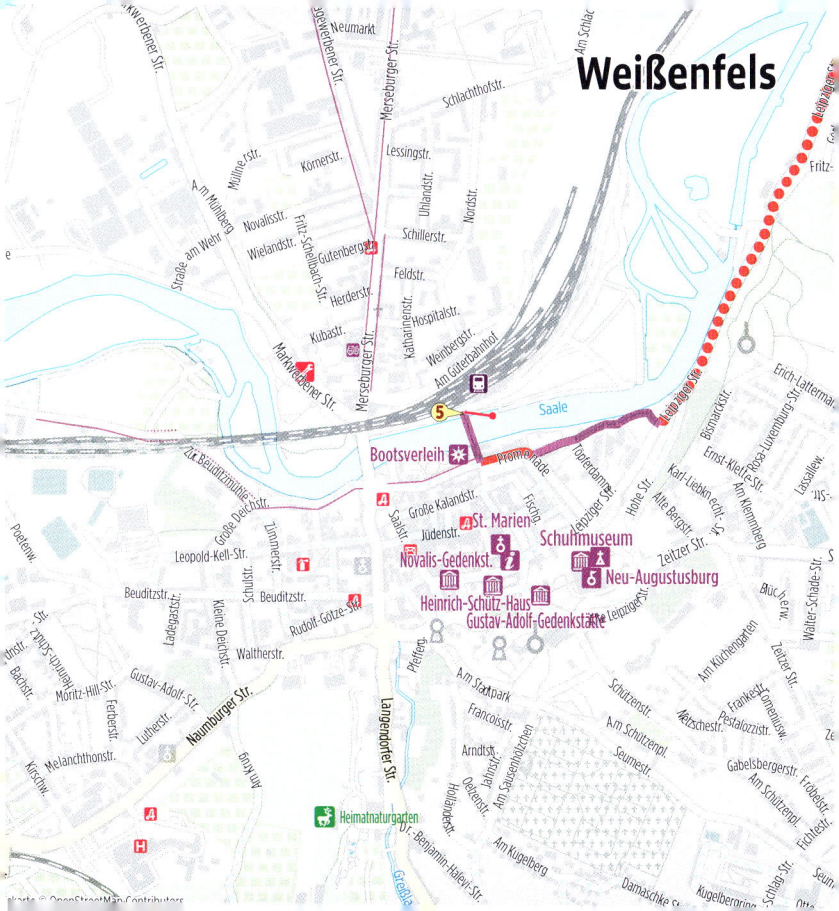

Weißenfels

Architektur der Renaissance und des Frühbarock.

🄶 **Schloss Neu-Augustusburg**, Zeitzer Str. 4, ℰ 302552, ℰ 2390017 ⓔ Anstelle der im Dreißigjährigen Krieg zerstörten Burg 1660-94 als Residenz der Herzöge von Sachsen-Weißenfels erbaut, ist es eine der größten frühbarocken Schlossanlagen Mitteldeutschlands. Durch Umwandlung in eine Kaserne ab 1820 wurde die ursprüngliche Raumaufteilung völlig verändert. Das Schloss beherbergt ein Schuhmuseum, die Schlosskirche und eine Ausstellung zur Stadtgeschichte. @ iqw847

🄱 **Boots- und Fahrradverleih**, Dammstr. 1, ℰ 01633/663555, ⊘ Mai-Okt. @ uei788

🄱 **Rathaus**, Marktpl. Der repräsentativste Bau am Marktplatz entstand 1670 (nach einem Brand 1718-22 wiedererrichtet) im Stil des Barock.

🄶 **Heimatnaturgarten**, Langendorfer Str. 33, ℰ 304776 ⓕ Zu sehen sind etwa 200 Tiere in 50 Arten, mit Streichelzoo. @ pyt278

Als Stadt entstand Weißenfels Ende des 12. Jahrhunderts zwischen drei sorbischen Siedlungen zu Füßen des „weißen" Felsens. Von seiner Umgebung konnte sich der Ort aber erst ab 1656 merklich abheben, nachdem er Residenz des neugegründeten Herzogtums Sachsen-Weißenfels wurde. Im Laufe der nicht einmal hundert Jahre währenden herzoglichen Periode verwandelte sich die Handwerker- und Ackerbürgerstadt in ein Zentrum des barocken Prunks, der Mode und der Ausschweifung. Die Herzöge förderten aber, den Hof des Sonnenkönigs Ludwig XIV. im Auge, auch die Kultur. Eine der besten und wahrscheinlich teuersten Hofkapellen Deutschlands verlieh dem Hofe Glanz und Ansehen, erst recht die hier gepflegte deutsche Oper. Bestrebungen, das hiesige Gymnasium zu einer Universität auszuweiten, scheiterten am Veto der kursächsischen Regierung. Kein Geringerer als Johann Sebastian Bach war eine Zeit lang Weißenfelsischer „Kapellmeister von Hause aus", und Georg Friedrich Händel soll seine musikalische Begabung an der Orgel der Schlosskapelle das erste Mal

Weißenfels

öffentlich demonstriert haben. Aber auch die bedeutendsten deutschen Schriftsteller dieser Zeit fühlten sich vom Weißenfelser Hof angezogen: Johann Beer, August Bohse oder Christian Weise verbrachten hier Teile ihrer Schaffensphasen.

Die immense Bautätigkeit und die extravagante Hofhaltung ließen einen Schuldenberg entstehen, und mit dem Tod Herzog Johann Adolfs II. im Jahre 1746 starb schließlich diese herrschaftliche Nebenlinie aus. Das Herzogtum fiel zurück an Sachsen, und Weißenfels sank wieder zu einer gewöhnlichen Landstadt herab. Das kulturelle Erbe konnte jedoch immer wieder belebt werden, wie es sich in der Person des Lyrikers Novalis oder der Erzählerin Louise von François zeigt.

In der Zeit der Industrialisierung machte sich Weißenfels dank der Schuhmacherei einen Namen. Bereits 1820 zählte man hier an die 140 Meister, die in kleinen Werkstätten mit höchstens ein oder zwei Gesellen arbeiteten. Den Großteil der Erzeugnisse vertrieb man auf fremden Märkten und Messen. Nach und nach setzte sich dann die industrielle Schuhfertigung durch. Zu den ersten Steppmaschinen gesellten sich bald auch Sohlennäh- und Stanzmaschinen, ab 1883 angetrieben durch Dampfkraft. Der Entwicklung zu einer Schuhmetropole mit über hundert Schuhfabriken stand nun nichts mehr im Wege.

Tour 7 Auf der Kohle-Dampf-Licht-Radroute nach Delitzsch 27,5 km

HM/km: ↗ 0,6 (17m) ↘ 1,4 (38m) **Radweg:** 67 % **Unbefestigt:** 3 % **Verkehr:** 10 %

Vom Clara-Zetkin Park in Leipzig führt die Route durch Gohlis, wo Sie das Gohliser Schlösschen bestaunen können, an Möckern entlang und weiter durch Lindenthal nach Hayna. Ab hier ist die umgebende Landschaft von Bergbaufolgeseen geprägt. Entlang des Schladitzer Sees, wo Sie einen Badestopp einlegen können, und des Werbeliner Sees radeln Sie zum Ziel dieser Tour, Delitzsch. Dieses beeindruckt mit seiner sehenswerten Altstadt und dem prunkvollen Barockschloss.

Charakteristik

Start: Leipzig, Clara-Zetkin-Park

Ziel: Delitzsch

Wegbeschaffenheit: Die Route verläuft ausschließlich auf befestigten Radwegen

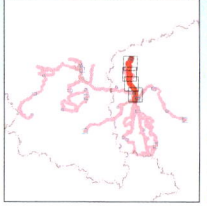

und asphaltierten Straßen.

Verkehr: Sie fahren hauptsächlich auf Radwegen und ruhigen Straßen. Mit erhöhtem Verkehrsaufkommen ist nur in Delitzsch zu rechnen.

Beschilderung: Durchgehend beschildert mit dem Kohle-Dampf-Licht-Radrouten Logo.

Steigungen: Die Strecke birgt keine nennenswerten Steigungen.

An- und Abreise: Bahnhof Delitzsch: S-Bahn S2 und S9, sowie Regionalexpress

Anschlusstour(en): 1, 3, 5, 8, 9, 10

Leipzig, Clara-Zetkin Park

1 Leipzig s. S.19

2 Gohlis (Leipzig)

Vorwahl: 0341

🏛 **Schillerhaus**, Mencke-str. 42, ✆ 5662170 ♿ Im Jahr 1785 verbrachte der junge Friedrich Schiller einen Sommer in einem Bauernhaus im ehemali-gen Dorf Gohlis. Hier schrieb er die Ode an die Freude und arbeitete an Don Carlos. Das Museum zeigt die Ausstellung Friedrich Schiller in Leipzig und Gohlis 1785. Im Garten des Hauses finden regelmä-ßig Theateraufführungen, Sommerkonzerte und Le-sungen statt. @ fog853

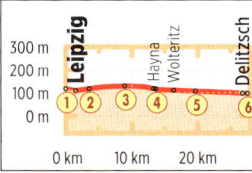

6 **Gohliser Schlösschen**, Menckestr. 23, ☎ 589690. Das in der Mitte des 18. Jhs. erbaute Sommerpalais gilt als Höhepunkt der sächsischen Rokokobaukunst und wird heute als Veranstaltungsort für Konzerte, Theateraufführungen und Ausstellungen genutzt. @ mms584

Möckern (Leipzig)

Vorwahl: 0341

Schwimmhalle Mitte, Kirschbergstr. 84, ☎ 5852640, @ lbh433

3 **Lindenthal** (Leipzig)

Vorwahl: 0341

Ökobad Lindenthal, Am Freibad 3, ☎ 4613182, @ drg421

Gohliser Schlösschen

7a

Lindenthal

Wahren

Möckern

Auensee

Neue Luppe

Leutzsch

Altlindenau

Neu-Lindenau

Gohlis

Eutritzsch

Leipzig

3,4

2

Schillerhaus

Gohliser Schlösschen

2

Zoologischer Garten

1

Naturkundemuseum

"Runde Ecke"

Schumann-Haus

Thomaskirche

Mendelssohn-Haus

1,8

Psychiatriemuseum

0,6

Zeitgenöss. Kunst

Unikatum

Museum für Druckkunst

Clara-Zetkin Park

Bayerischer Bahnhof

Neustadt

Neuschönefeld

Reudnitz

Möckern

Parthe

Weiße Elster

Parthe

Elsterbecken

Kleine Luppe

Elster

Pleiße

Elstermühlgraben

7b

Hayna
Schafshöhe
Radefeld
Breitenfeld
Wied
Lindenthaler Wasser
Lindenthal
Lützschena-Stahmeln
Wahren

7c

7a

86

1,5
0,5
2,2
2
3,4

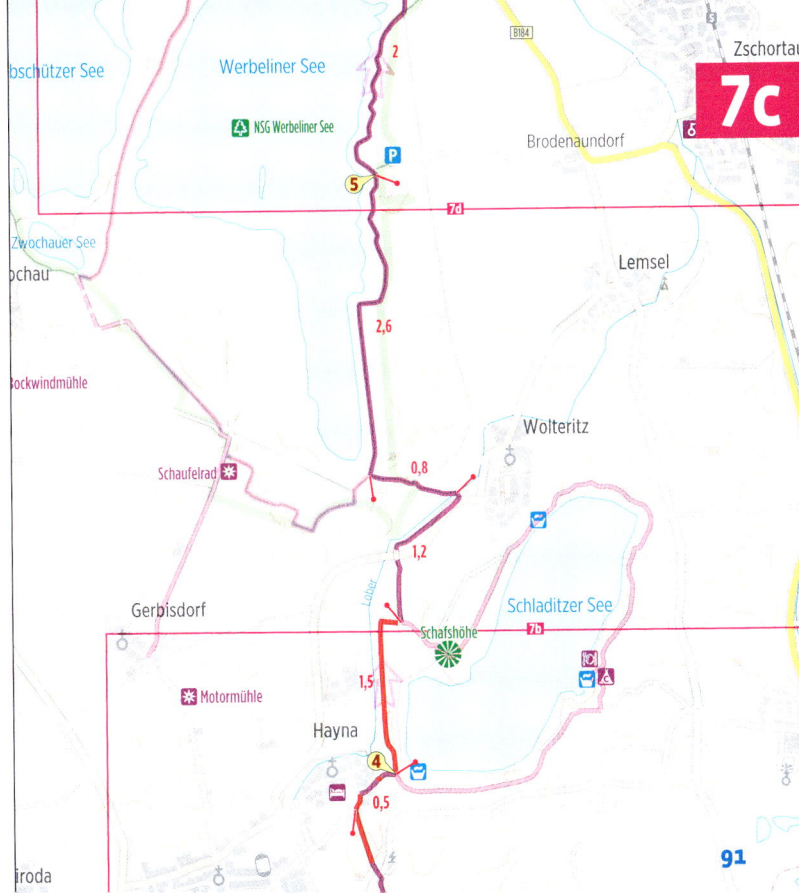

Werbeliner See

NSG Werbeliner See

bschützer See

Zschortau

7c

Brodenaundorf

2

Lemsel

Zwochauer See

ochau

2,6

Wolteritz

Schaufelrad

0,8

Gerbisdorf

1,2

Löbbe

Schladitzer See

Schafshöhe

7b

Motormühle

1,5

Hayna

4

0,5

iroda

B184

7d

5

P

Schladitzer See

4 Hayna (Schkeuditz)
Vorwahl: 034207

- ☀ **Schafshöhe**. Aussicht über den Schladitzer See mit Rastplatz. Außerdem kann man die Flugzeuge beim Landeanflug auf den Leipziger Flughafen beobachten.
- 🛏 **Biedermeierstrand Hayna**, Zum Biedermeierstrand, ✆ 40202, ✆ 0163/5145841, @ die687

Wolteritz (Schkeuditz)
- 🛏 Wolteritzer Bade-Strand, Dorfstr. 25

5 Brodenaundorf (Rackwitz)
- 🄰 NSG Werbeliner See, Werbeliner See, Zwochau (Wiedemar), ✆ 0170/5751510, ✆ 0170/5751509. Seit seiner Stilllegung im Jahr 1993 entwickelte sich der ehemalige Braunkohle-Tagebau Delitzsch-Südwest zu einer einzigartigen Naturlandschaft mit seltenen Vögeln (u. a. Wespenbussard, Rotmilan, Seeadler). Es werden Exkursionen und Vorträge angeboten, um das Natur- und Vogelschutzgebiet kennenzulernen. @ qbs184

Brodau (Delitzsch)

6 Delitzsch s. S.95

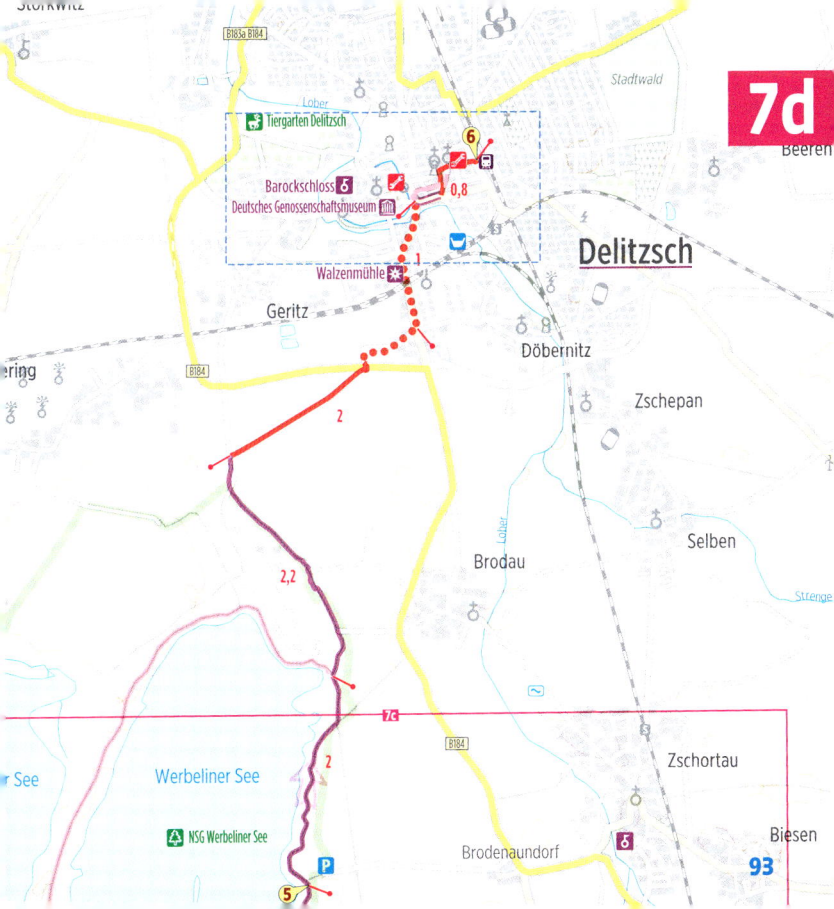

7d

Stadtwald

Beeren

Delitzsch

Tiergarten Delitzsch

Lober

Barockschloss
Deutsches Genossenschaftsmuseum

Walzenmühle

Geritz

Döbernitz

Zschepan

Selben

Strenge

Brodau

Lober

7c

Werbeliner See

NSG Werbeliner See

Zschortau

Biesen

Brodenaundorf

See

Storkwitz

B183a B184

B184

93

0,8

1

2

2,2

2

Tour 8 Rund um Schladitzer und Werbeliner See

37,8 km

HM/km: ↗ 0,8 (30m) ↘ 0,8 (30m) **Radweg:** 86 % **Unbefestigt:** 2 % **Verkehr:** 4 %

Die Rundtour führt auf der Kohle-Dampf-Licht-Radroute zum unter Naturschutz stehenden Werbeliner See. Weiter geht es entlang des Ostufers zum Wolteritzer Badestrand. In Folge radeln Sie im Uhrzeigersinn um den Schladitzer See nach Hayna. Hier können Sie einen Abstecher nach Gerbisdorf machen, um ein 17 Meter hohes Schaufelbaggerrad zu sehen. Die Route führt weiter am Westufer des Werbeliner Sees nach Zwochau und von dort zurück nach Delitzsch.

Auf dieser familienfreundlichen Tour durch die Mühlenregion Nordsachsens zu den ehemaligen Tagebauseen bieten sich immer wieder Badepausen an.

Charakteristik

Start/Ziel: Delitzsch

Wegbeschaffenheit: Die Route verläuft ausschließlich auf asphaltierten Radwegen und Straßen.

Verkehr: Sie fahren hauptsächlich auf Radwegen, nur bei Delitzsch auf ruhigen Straßen. Mit erhöhtem Verkehrsaufkommen ist in Delitzsch zu rechnen.

Beschilderung: Teilweise beschildert mit dem Kohle-Dampf-Licht-Radrouten Logo, rund um die Seen Beschilderung mit grünem Fahrrad auf weißem Hintergrund.

Steigungen: Die Strecke verläuft weitgehend eben.

An- und Abreise: Bahnhof Delitzsch: S-Bahn S2 und S9, sowie Regionalexpress

Anschlusstour(en): 7

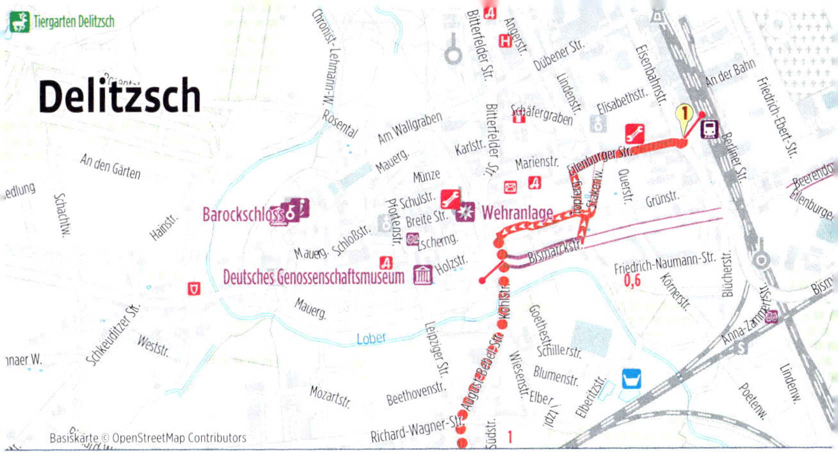

Delitzsch

Basiskarte © OpenStreetMap Contributors

1 Delitzsch

Vorwahl: 034202

🛈 Tourist-Information, Schloßstr. 31, ☏ 67237, @ mvf353

🏛 Deutsches Genossenschaftsmuseum, Kreuzg. 10, ☏ 63864 ☞ Das Museum befindet sich in einem fast 400 Jahre

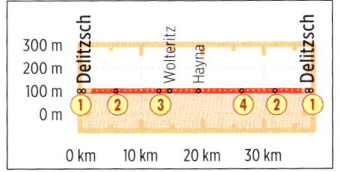

alten ehemaligen Fachwerkhaus, dem Schulze-Delitzsch-Haus. Hier gründeten 57 Delitzscher Schumacher auf Initiative von Hermann Schulze-Delitzsch im Jahr 1849 die weltweit erste gewerbliche Genossenschaft. @ qjt811

🏰 Barockschloss Delitzsch, Schloßstr. 31, ☏ 67206 ☞ 1389–91 ließ Wilhelm I. von Meißen eine mittelalterliche Wasserburg errichten, deren Turm bis heute erhalten ist. Ab 1540 wurde das Schloss im Stil der Renaissance umgestaltet. Im Jahr 1657 fiel das Schloss an das Fürstentum Sach-

Schloss Delitzsch

sen-Merseburg. Dessen Herzog Christian I. ließ es ab 1689 zu einem Barockschloss nach französischem Vorbild aus- und umbauen. Im Schlossturm, dem höchsten Gebäude der Stadt, befindet sich eine Ausstellung zur Stadtgeschichte. Von oben bietet sich ein schöner Ausblick über den Schlosspark und den historischen Stadtkern von Delitzsch. @ sof516

⚜ **Wehranlage**, Mauerg. ㉔ Die Wehranlage der Stadt wurde vor etwa 600 Jahren errichtet. Von der ursprünglich 6 m hohen Stadtmauer sind heute noch 4 m Höhe erhalten, außerdem sind noch der Breite Turm (46 m hoch), der Hallesche Turm (39 m hoch), der Zwingerbereich und der Wallgraben zu sehen. @ mwi473

🔢 **Tiergarten Delitzsch**, Rosental 60, 📞 56419 ℗ Auf einem 4 ha großen Areal werden verschiedenste heimische und exotische Tiere in naturnahen Anlagen präsentiert, es gibt einen Streichelzoo und begehbare Volieren. @ dgh232

2 Am Ostufer des Werbeliner Sees entlang radeln Sie zum Schladitzer See.

TIPP

Wolteritz (Schkeuditz)

🏊 **Wolteritzer Bade-Strand**, Dorfstr. 25

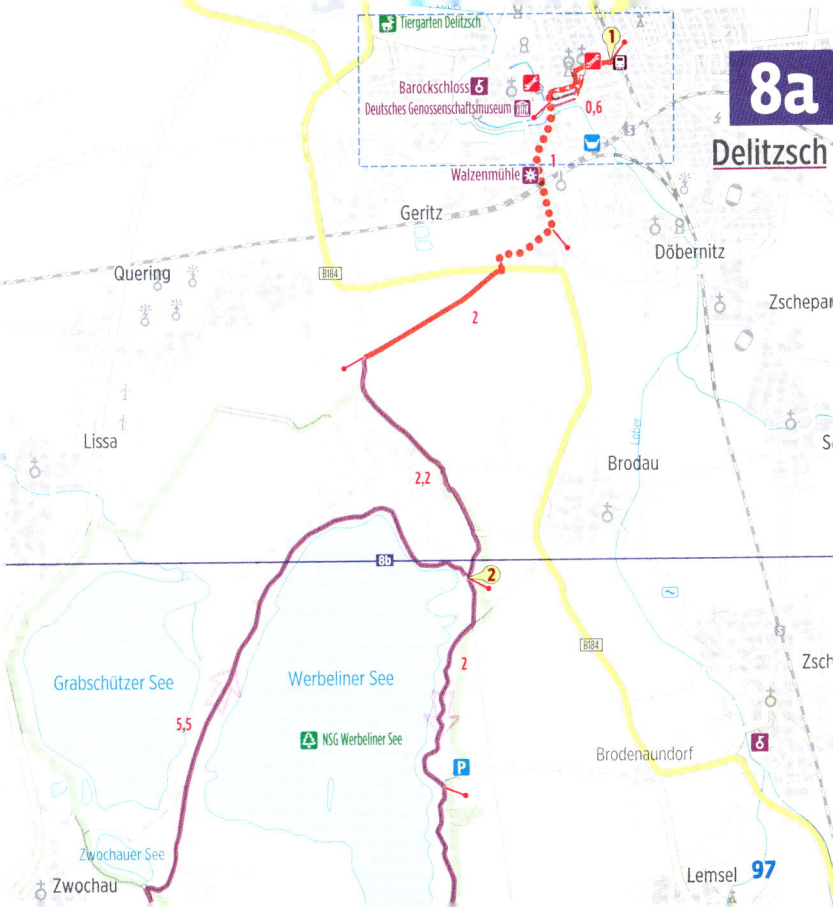

Tiergarten Delitzsch

Barockschloss
Deutsches Genossenschaftsmuseum

Walzenmühle

Geritz

0,6

1

8a

Delitzsch

Quering

Döbernitz

B184

Zschepa

Lissa

2

Brodau

2,2

8b

2

Grabschützer See

Werbeliner See

NSG Werbeliner See

5,5

B184

Zsch

Brodenaundorf

P

Zwochauer See

Zwochau

Lemsel

97

3 Links halten und im Uhrzeigersinn um den Schladitzer See herum.

Rackwitz

Vorwahl: 034294

Schladitzer Bucht, Haynaer Str., ☏ 858688. Stand Up Paddling, Tauchen, Windsurfen, Segeln, Kitesurfen und Kanuverleih. @ mlg745

Hayna (Schkeuditz)

Vorwahl: 034207

✳ **Schafshöhe**. Aussicht über den Schladitzer See mit Rastplatz. Außerdem kann man die Flugzeuge beim Landeanflug auf den Leipziger Flughafen beobachten.

Biedermeierstrand Hayna, Zum Biedermeierstrand, ☏ 40202, ☏ 0163/5145841, @ die687

Wenn Sie am Werbeliner See links abbiegen, können Sie am Schaufelrad des Baggers SRs 6300 vorbei einen Abstecher nach Gerbisdorf machen.

Gerbisdorf, Schaufelrad

Gerbisdorf (Schkeuditz)

✱ **Motormühle**, Kirschstr. 2, ✆ 034207/72123. Die Mühle Gerbisdorf war bis 1976 in Familienbesitz und wurde vom Müllermeister Gerhard Mähnert geführt. Dann wurde sie an die damalige Landwirtsch. Produktionsgesellschaft verkauft und teilweise umgebaut. Bis kurz vor der Wende wurde sie als Schrotmühle genutzt. Um 2000 kaufte Schmiedemeister Johannes Niesmann das Grundstück und nutzt die Mühle seitdem als Lager.

✱ **Schaufelrad**, Werbeliner Weg ⊛ Der Schaufelradbagger SRs 6300 wurde 1989 für den Einsatz im Tagebau Breitenfeld montiert, er war einer der größten Bagger seiner Bauart auf der Welt. 1991 wurde der Tagebau jedoch wieder eingestellt und der Bagger wurde in Folge gesprengt. Ein 17 m hohes und 180 t schweres Schaufelrad konnte gesichert werden und wurde als Zeitzeuge aufgestellt.

4 Zwochau (Wiedemar)

Vorwahl: 034207

🏃 **Zwochauer Bockwindmühle**, Am Sportpl. 5, ✆ 71323. Die Mühle aus dem Jahr 1806 wurde vom Flughafen Leipzig Halle hierher umgesetzt. @ kgw873

🅰 **NSG Werbeliner See**, Werbeliner See, ✆ 0170/5751510, ✆ 0170/5751509. Seit seiner Stilllegung im Jahr 1993 entwickelte sich der ehemalige Braunkohle-Tagebau Delitzsch-Südwest zu einer einzigartigen Naturlandschaft mit seltenen

Zwochau, Bockwindmühle

Radweg um den Schladitzer See

Vögeln (u. a. Wespenbussard, Rotmilan, Seeadler). Es werden Exkursionen und Vorträge angeboten, um das Natur- und Vogelschutzgebiet kennenzulernen. @ qbs184

1 Delitzsch s. S.95

Kölsa

Grabschütze

Zwochauer

Zwochau

Bockwindm

Grebehna

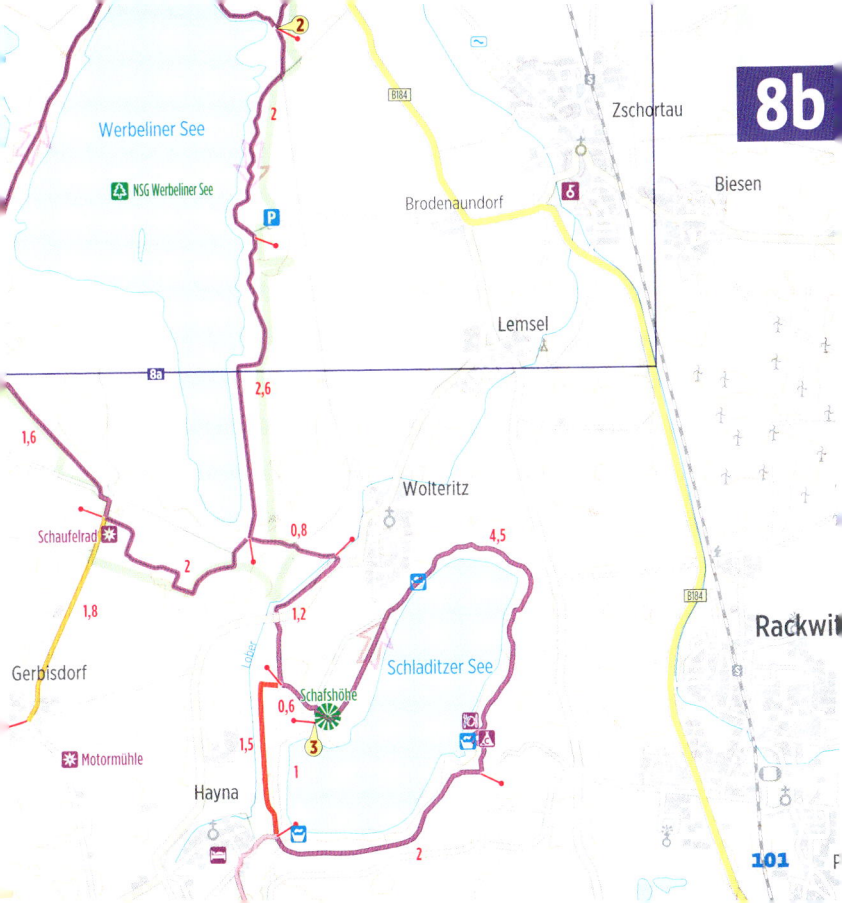

Werbeliner See

NSG Werbeliner See

Zschortau

Biesen

Brodenaundorf

Lemsel

8b

2,6

1,6

Schaufelrad

2

0,8

Wolteritz

4,5

1,8

Gerbisdorf

1,2

Schladitzer See

Schafshöhe

0,6

3

Motormühle

1,5

1

Hayna

2

Rackwi

B184

B184

2

8b

Tour 9   Parthe-Mulde-Radroute   52,4 km

HM/km: ↗ 1,8 (95m) ↘ 1,0 (50m)   Radweg: 45 %   Unbefestigt: 16 %   Verkehr: 7 %

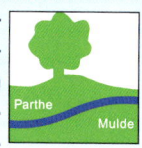

Die Tour startet in Leipzig-Möckern und führt am Heuweg zur Parthemündung in die weiße Elster im Leipziger Rosental. Durchs Leipziger Zentrum geht es weiter entlang des kleinen Flüsschens Parthe über Seegeritz, Taucha, Borsdorf, Beucha und Naunhof zum Ziel der Tour, Grimma. Die artenreiche Parthenaue wartet neben zahlreichen idyllischen Parkanlagen auch mit faszinierenden Kunstobjekten und sehenswerten Bauwerken vergangener Jahrhunderte auf. Die familienfreundliche Radtour lädt immer wieder zum Verweilen und Erholen ein.

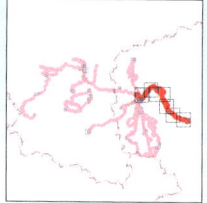

Verkehr: Sie fahren hauptsächlich auf Radwegen und ruhigen Feld- bzw. Waldwegen, nur selten führt die Route über wenig befahrene Straßen.

Beschilderung: Durchgängige Beschilderung mit dem Parthe-Mulde Logo.

Steigungen: Die Strecke verläuft eben, bis auf das Ende in Grimma.

An- und Abreise: S-Bahnhof Möckern: S1, RB 20, RB 25; Bahnhof Grimma: RB 110

Anschlusstour(en): 7

Charakteristik

Start: S-Bhf. Möckern

Ziel: Grimma

Wegbeschaffenheit: Die Route verläuft großteils auf befestigten oder asphaltierten Radwegen und Straßen.

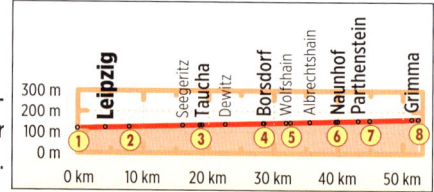

1 Möckern (Leipzig)

Vorwahl: 0341

🏊 Schwimmhalle Mitte, Kirschbergstr. 84, 📞 5852640, @ lbh433

Leipzig   s. S.19

2 Schönefeld (Leipzig)

Vorwahl: 0341

🏊 Sommerbad Schönefeld, Volbe-
   dingstr. 39,   📞 2330466,
   @ qql673

🏊 Schwimmhalle Nordost, Schönefel-
   der Allee 26, 📞 2325334, @ mgs388

▌ **TIPP** Der **Zweckverband Parthenaue**
im Leipziger OT Mölkau betreibt
eine Naturschutzstation (http://
zv.parthenaue.de).

Mockau (Leipzig)

✳ Kletterturm Mockau, Tauchaer Str. 14,
   📞 0431/6005776 ℗ Klettern auf 3 Ebenen
   in einem umgebauten Wasserturm aus
   dem Jahr 1907. @ bwm427

Die Parthe

*Der Name der Parthe ist slawischen Ur-
sprungs und bedeutet „die Stinkende". Die*

Basiskarte © OpenStreetMap Contributors

*Parthe entspringt südlich von Grimma im
Glastener Forst und mündet nach 56 Ki-
lometern in die Weiße Elster im Leipziger
Stadtteil Möckern. Auf ihrem Lauf durch die
Leipziger Tieflandsbucht durchfließt die
Parthe Grimma, Parthenstein, Naunhof,
Beucha, Borsdorf, Panitzsch, und Taucha.
Bis in die frühen 1950er Jahre mündete
die Parthe im Leipziger Zoo in den Pleiße-
mühlgraben, der dann bis zur Weißen Elster
führte. Wegen der starken Verschmutzung*

Mockau, Wasserturm/Kletterturm

des Wassers durch die Braunkohleindustrie wurde der Pleißemühlgraben am Naturkundemuseum in den Elstermühlgraben geführt und sein Bett bis zum Zoo verfüllt, seitdem mündet die Parthe direkt in die Weiße Elster. Große Teile des Flussverlaufs sind als „Landschaftsschutzgebiet Parthenaue" unter Schutz gestellt, das Gebiet umfasst die Landschaftsschutzgebiete Parthenaue und Tauchaer Endmoräne sowie zahlreiche Flächennaturdenkmäler bzw. geschützte Biotope. Die Parthenaue ist die letzte durch den Braunkohleabbau nicht grundlegend umgestaltete historische Kulturlandschaft in der Leipziger Region. Das Projekt „KunstParcours und ParkNetzwerk Parthe" versucht mit verschiedenen Kunstwerken und Veranstaltungen die Parthenaue touristisch aufzuwerten.

Thekla (Leipzig)

🔵 Naturbad Nordost „Bagger", Theklaer Str.

Plaußig-Portitz (Leipzig)

3 Taucha

Vorwahl: 034298

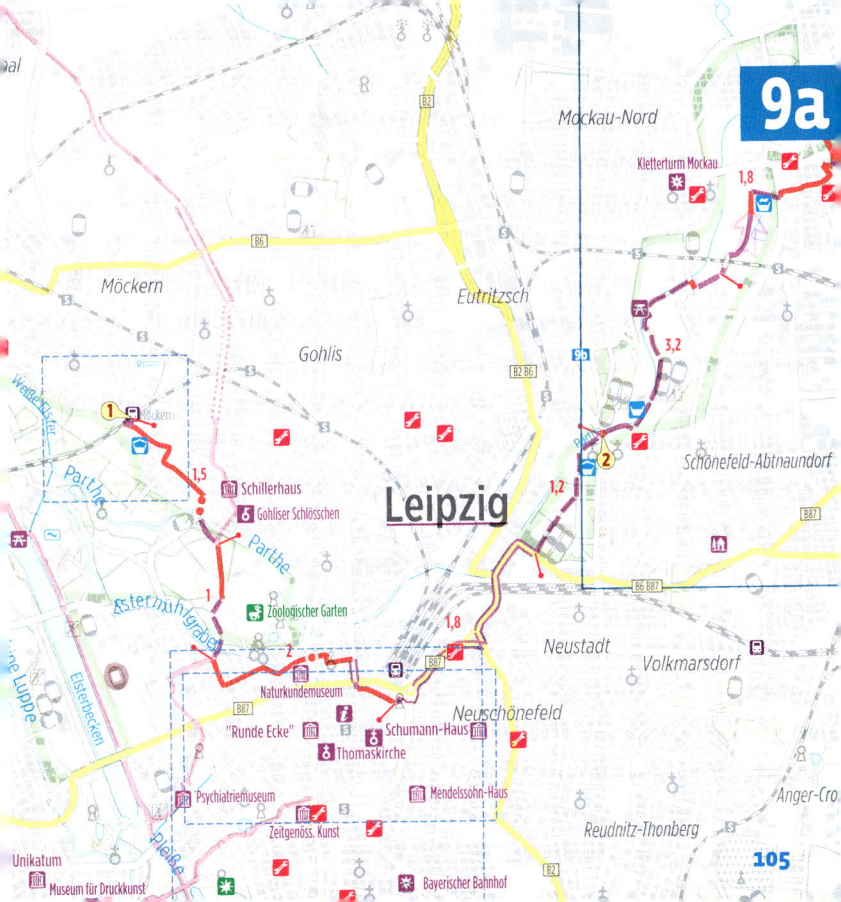

9a

Mockau-Nord

Kletterturm Mockau

1,8

3,2

Eutritzsch

Möckern

Gohlis

B6

B2 B6

9b

Leipzig

2

1,2

Schönefeld-Abtnaundorf

B87

Möckern

1,5

Schillerhaus

Gohliser Schlösschen

Parthe

1

Zoologischer Garten

Naturkundemuseum

2

1,8

B87

Neuschönefeld

Neustadt

Volkmarsdorf

"Runde Ecke"

Schumann-Haus

Thomaskirche

Psychiatriemuseum

Mendelssohn-Haus

Reudnitz-Thonberg

Anger-Cro

Zeitgenöss. Kunst

Unikatum

Museum für Druckkunst

Bayerischer Bahnhof

B2

Taucha

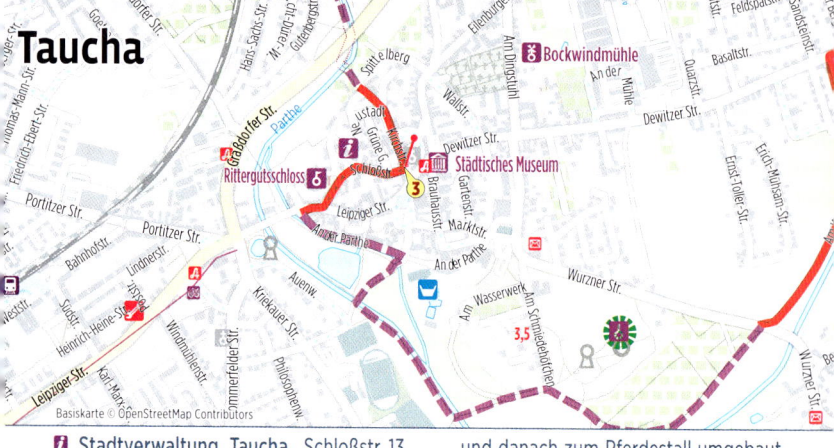

Basiskarte © OpenStreetMap Contributors

🏛 **Stadtverwaltung Taucha**, Schloßstr. 13, 📞 700, @ bwe523

🏛 **Städtisches Museum**, Haugitzwinkel 1, 📞 70323 🖹 Dauerausstellung zur Stadtgeschichte Tauchas sowie wechselnde Sonderausstellungen zu unterschiedlichen Themen. @ ean884

🏛 **Rittergutsschloss**, Haugwitzwinkel 1, 📞 68556 😊😊 Das Schloss wurde 1542 auf Veranlassung des damaligen Stadtherren von Taucha, Wilhelm von Haugwitz dem Jüngeren, errichtet. Später wurde es zum Kuh- und Schweinestall und danach zum Pferdestall umgebaut. 1996 wurde das Rittergut schließlich von der Stadt Taucha übernommen. @ fvf536

🏛 **Bockwindmühle**, Am Dingstuhl 2. Die Landmannsche Bockwindmühle aus dem Jahr 1831 war bis 1960 in Betrieb.

🏛 **Aussichtsturm**, Stadtpark 😊 Der 1913 erbaute Turm ist 22 m hoch und bietet eine schöne Aussicht über die Umgebung.

✉ **Parthe Bad**, An der Parthe 20, 📞 130866, @ rfe272

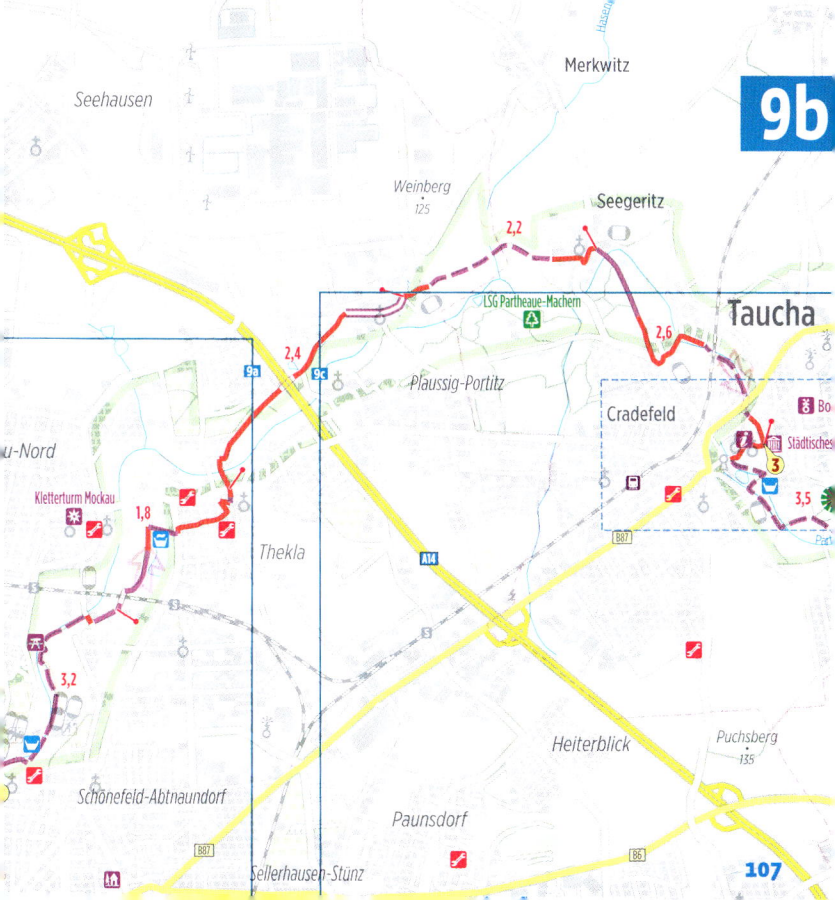

Seehausen

Merkwitz

9b

Weinberg
125

2,2

Seegeritz

LSG Partheaue-Machern

2,6

Taucha

9a

2,4

9c

Plaussig-Portitz

Cradefeld

Bo

Städtisches

3,5

u-Nord

Kletterturm Mockau

1,8

Thekla

A14

B87

Park

3,2

Heiterblick

Puchsberg
135

Schönefeld-Abtnaundorf

Paunsdorf

B87

Sellerhausen-Stünz

B86

Panitzsch (Borsdorf)

Vorwahl: 034291

Kirche Panitzsch, Lange Str., ✆ 86547. Die ursprünglich romanische Kirche wurde 1200-20 erbaut, 1705 wurde sie barockisiert. @ qrt622

4 Borsdorf

Vorwahl: 03429

Gemeinde Borsdorf, Rathausstr. 1, ✆ 4140, @ dde465

Heimatmuseum, Leipziger Str. 5, ✆ 20015, ✆ 88499 ☺ Auf 200 m² wird die Orts- und Regionalgeschichte Borsdorfs, Zweenfurths, Panitzschs und Cunnersdorfs präsentiert. @ eog787

Borsdorf

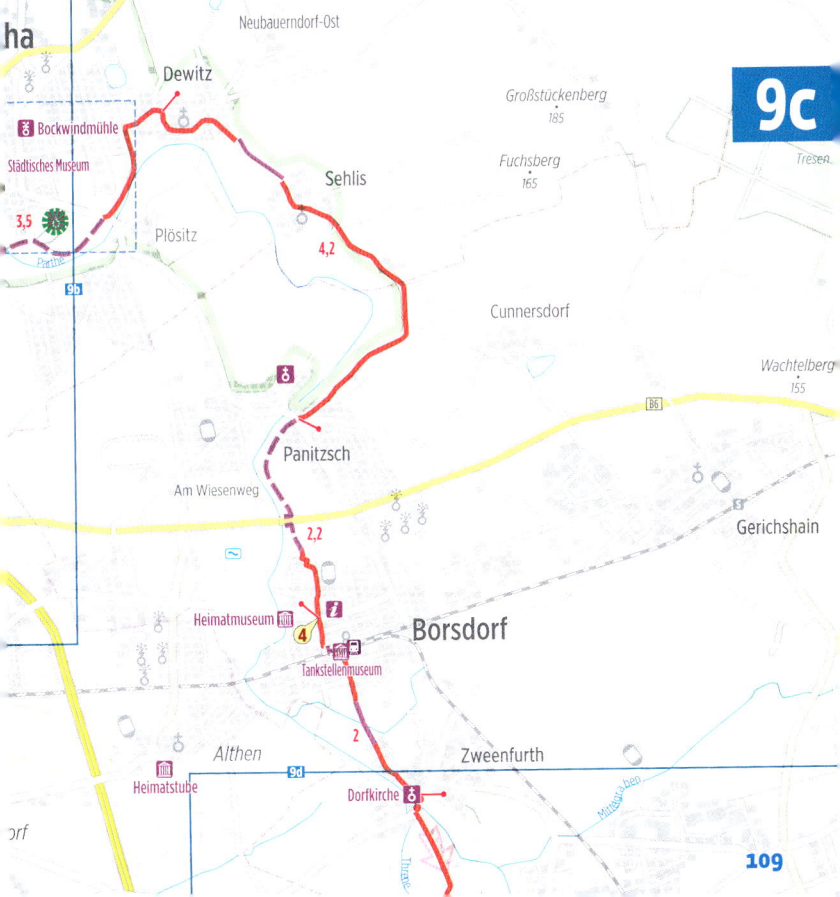

ha

Neubauerndorf-Ost

Dewitz

9c

Großstückenberg
185

Bockwindmühle

Fuchsberg
165

Tresen

Städtisches Museum

Sehlis

3,5

Plösitz

4,2

9b

Cunnersdorf

Wachtelberg
155

B6

Panitzsch

Gerichshain

Am Wiesenweg

2,2

Heimatmuseum

4

Borsdorf

Tankstellenmuseum

Althen

2

Zweenfurth

9d

Heimatstube

Dorfkirche

orf

109

Beucha, Bergkirche

🏛 **Tankstellenmuseum**, Schulstr. 1a, 📞 0172/2649603 ⓒ Kleines Museum zum Thema Benzin, Diesel & Co. @ esl617

Zweenfurth (Borsdorf)

🔶 **Dorfkirche Zweenfurth**, Dorfstr. 13. Die ursprünglich romanische Chorturmkirche wurde um 1200 erbaut, im 18. Jh. erfolgte eine Barockisierung und im Jahr 1844 wurde das Kirchenschiff im klassizistischen Stil neu errichtet. @ vvr173

5 Beucha

🔶 **Bergkirche Beucha**, Kirchberg. Die ursprüngliche Wehrkirche wurde 1280 erstmals urkundlich erwähnt, 1847/48 wurde das Kirchenschiff abgerissen und das heutige größere errichtet.

🔶 **Wasserturm**, Kirchberg. Der 28 m hohe ehemalige Wasserturm (1911-13) dient heute als Einlassbauwerk zum Kirchhof.

🔷 **Albrechtshainer See**. Mit Ruderbootverleih.

✳ **Kletterwald**, Am Albrechtshainer See 1 ☕, @ ddn615

Albrechtshain (Naunhof)

Erdmannshain (Naunhof)

6 Naunhof

Vorwahl: 034293

ℹ **Stadt- und Touristinformation**, Bahnhofstr. 25, 📞 475647, @ bei564

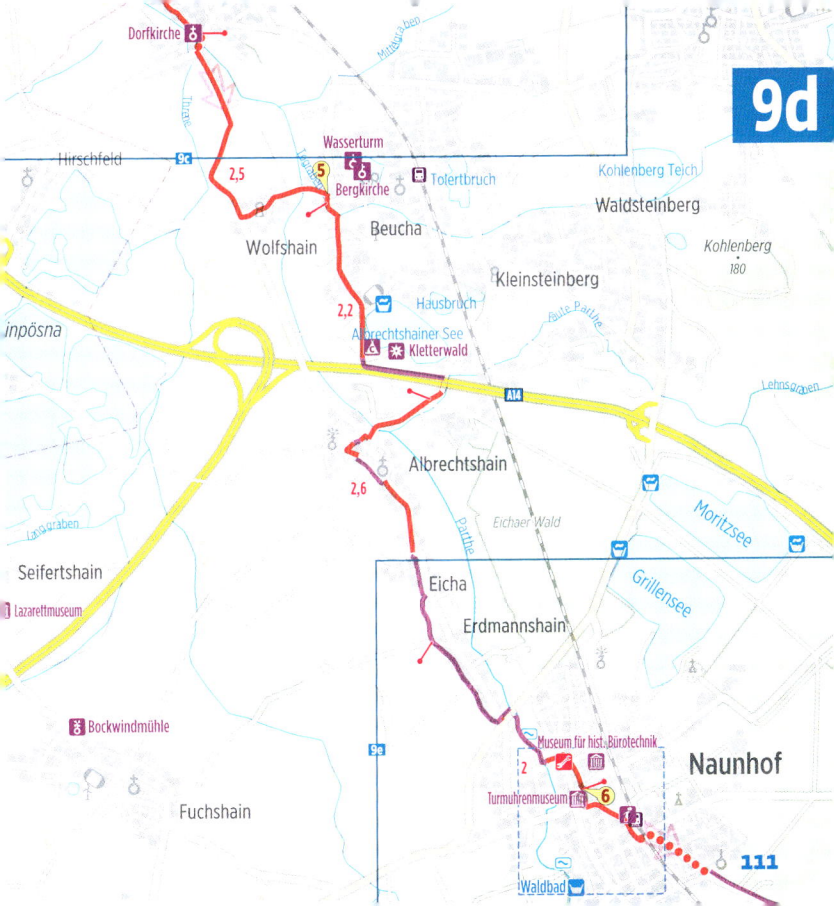

9d

Dorfkirche

Hirschfeld

2,5

Wasserturm
Bergkirche
Tolertbruch

Kohlenberg Teich

Waldsteinberg

Kohlenberg
180

Beucha

Wolfshain

Kleinsteinberg

2,2

Hausbruch

Aute Parthe

Albrechtshainer See

Kletterwald

inpösna

A14

Lehnsgraben

Albrechtshain

2,6

Moritzsee

Eichaer Wald

Grillensee

Langraben

Eicha

Seifertshain

Erdmannshain

Lazarettmuseum

Bockwindmühle

9a

Museum für hist. Bürotechnik

2

Naunhof

Turmuhrenmuseum

6

Fuchshain

Waldbad

111

Basiskarte © OpenStreetMap Contributors

Museum für historische Bürotechnik, Vereinsweg 1, ☎ 475647 ⟳ ☾ Das Museum beschäftigt sich mit der Entwicklung und Vielfalt der Bürotechnik im 20. Jh. Es gibt eine umfangreiche Sammlung von Computern der DDR von 1981-89. @ vvr432

Turmuhrenmuseum, Ungibauerstr. 1, ☎ 32513 ♿ Im 1. Sächsischen Turmuhrenmuseum werden mechanische Turmuhrwerke, elektrische Haupt- und Neben-

uhren, sowie weitere Zeitmessgeräte aus vier Jahrhunderten gezeigt. @ bff361

Waldbad, Wiesenstr. 48b, ☎ 45257, @ gpr642

7 Großsteinberg (Parthenstein)

8 Grimma

Vorwahl: 03437

Tourist-Information, Markt 23, ☎ 9779011, @ jgl221

Muldenschifffahrt, Colditzer Weg 3, ☎ 915158 ♿ Flusstouren auf der Mulde bis zur Schiffmühle in Höfgen. @ ruf832

Göschenhaus, Schillerstr. 25, Hohnstädt (Grimma), ☎ 911118 ♿ Das Museum beschäftigt sich mit dem Leben und Werk des Verlegers G. J. Göschen und hat in einem sechseckigen Anbau des Hauses ein Zimmer mit Möbeln und Kleinodien aus dem Besitz des Schriftstellers J. G. Seume zu dessen Gedenken eingerichtet. @ hyk273

Kreismuseum Grimma, Paul-Gerhardt Str. 43, ☎ 911132 ♿ Ausstellung zur

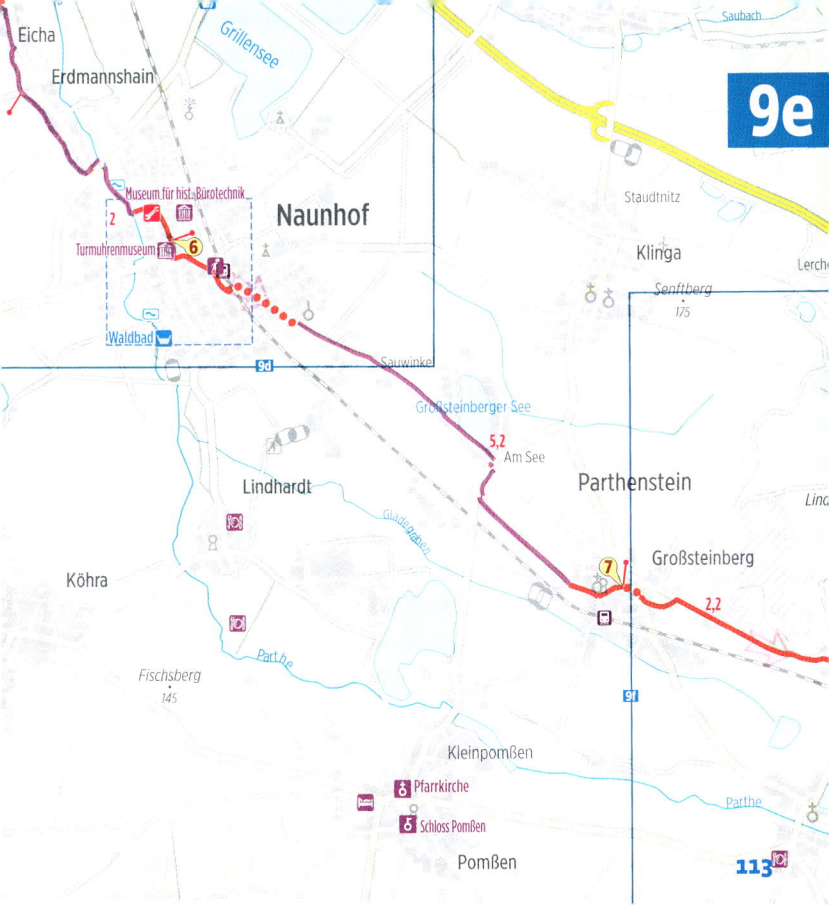

Eicha

Erdmannshain

Grillensee

Saubach

Staudtnitz

Klinga

Lerch

Senftberg
175

Museum für hist. Bürotechnik

2

Turmuhrenmuseum

6

Waldbad

Naunhof

9d

Sauwinkel

Großsteinberger See

5,2

Am See

Parthenstein

Linc

Lindhardt

Gladitzschain

Großsteinberg

7

2,2

Köhra

Partha

Fischsberg
145

9f

Kleinpomßen

Pfarrkirche

Schloss Pomßen

Pomßen

Parthe

Stadtgeschichte sowie den Klöstern St. Augustin und Marienthron (Nimbschen). Auskünfte zum Hochwasser 2002. @ bgv354

Frauenkirche, Frauenstr. Die frühgotische dreischiffige Pfeilerbasilika ist die Hauptkirche der Stadt Grimma. In dem bedeutendsten romanischen Bauwerk der Stadt befinden sich sehenswerte Ausstattungsstücke.

Klosterkirche St. Augustin, Klosterstr. 1. Die Saalkirche mit einer Mauerstärke von fast 1,5 m, einer Länge von 54 m und einer Höhe von 19 m wurde um 1435 errichtet. Aufgrund der Schwierigkeit diesen 11.000 m³ Raum mit einer Stimme zu füllen nannte Martin Luther sie einst einen „Brustbrecher".

Schloss Grimma, Schlossgraben. Das Schloss, das 1200 erstmals urkundlich erwähnt wurde, wird als „Geburtshaus Sachsens" bezeichnet, weil hier im Jahr 1443 der spätere Begründer der albertinischen Linie des Wettiner Königshauses, Albrecht der Beherzte, geboren wurde.

Heute ist es Sitz des Amtsgerichtes und der Staatsanwaltschaft. @ led876

Historische Altstadt. Das Zentrum Grimmas besticht mit Bürgerhäusern am Markt und dem Rathaus im Stil der Renaissance.

Hängebrücke, Colditzer Weg. Die 80 m lange Brücke von 1923/24 ersetzte die durch das Hochwasser von 1922 weggeschwemmte, hölzerne Tonnenbrücke.

Seume-Haus, Markt 11, ☏ 911118. In dem Gebäude befand sich die Druckerei von G. J. Göschen. Außerdem hat J. G. Seume während seiner Zeit als Korrektor für Göschen hier gelebt und gearbeitet. Das Haus ist nicht öffentlich zugänglich. @ fay517

Steinerne Muldenbrücke. Die Brücke, erbaut von 1716 bis 1719, trägt einen Wappenstein aus dem Jahr 1724. Während des Hochwassers 2002 wurden zwei der sechs Korbbögen zerstört. Die Lücke wurde 10 Jahre später durch eine Sprengwerkbrücke geschlossen. @ nyf654

Tiefkellersystem, Wurzener Str., ☏ 9858285 ⓒ Stollensystem unter dem

Burgberg mit 700 m Gangsystem. Hier wurde nach Gold und Silber gesucht, abgebaut wurde Porphyrgestein. Der Stollen diente hauptsächlich zur Lagerung von Bier, Wein, Kartoffeln und anderer Lebensmittel. Derzeit ist das Tiefkellersystem nicht begehbar, da es saniert werden soll.

* **Gattersburg**, Colditzer Str. 3. Die Villa steht auf einem Porphyrfelsen über der Mulde und wird heute als Hotel genutzt. @ eav288

Grimma, Pöppelmannbrücke mit Schloss

Grimma

- ❇ **Stadtführungen**, ✆ 9779011. Stadt- und Themenführungen sowie Wander- und Freizeitangebote können in der Tourist-Information erfragt werden. @ fgd617
- 🖮 **Schwimmhalle Grimma**, Vorwerkstr. 30c, ✆ 762389, @ cja635

Der Verleger Georg Joachim Göschen (1752-1828) erwarb 1795 in Hohnstädt bei Grimma ein Pferdnergut, das er als Sommersitz nutzte. Die Schönheit des Muldentals faszinierte ihn so sehr, dass er zwei Jahre später seine Druckerei von Leipzig nach Grimma in das Haus am Markt 11 verlegte und 1812 ganz nach Grimma übersiedelte.

1785 hatte Göschen nach einer Buchhändlerlehre in Bremen und einer Anstellung als Buchhandlungsgehilfe in Leipzig seine eigene Verlagsbuchhandlung gegründet. Der Verlag entwickelte sich in den folgenden zwei Jahrzehnten zum bedeutendsten Verlag deutscher Klassiker. So erschienen Gesamtausgaben von Goethe, Schiller, Wieland, Klopstock und anderen. Außerdem verlegte er Autoren wie Lessing, Iffland, Schlegel und Seume. In seiner 1793

Grimma, Marktplatz

eröffneten Druckerei entstanden Prachtausgaben feinster Qualität, die von Hans Veit Schnorr von Carolsfeld, Chodowiecki, Ramberg und anderen illustriert wurden. Daneben veröffentlichte er billigere Parallelausgaben. Ein Jahr nach seinem Umzug nach Grimma gründete Göschen die erste Zeitung der Stadt. 1823 verlegte er dann

auch seine Verlagsbuchhandlung, die von seinem jüngsten Sohn bis 1838 geführt wurde, von Leipzig nach Grimma. Nach seinem Tod 1828 verkaufte der älteste Sohn Carl Friedrich die Buchdruckerei in Grimma, deren Leiter er seit 1823 war.

Das Göschenhaus ist heute ein Ort kultureller Veranstaltungen und gleichzeitig Gedenkstätte für den „Spaziergänger nach Syrakus", den Schriftsteller Johann Gottfried Seume, der von 1797 bis 1802 als Korrektor bei Göschen in Grimma angestellt war.

Tour 10   Am Elsterradweg von Leipzig nach Halle

43,7 km

HM/km: ↗ 0,6 (28m) ↘ 1,5 (64m) Radweg: 76 % Unbefestigt: 17 % Verkehr: 2 %

Die Tour startet im Clara-Zetkin-Park im Zentrum Leipzigs und führt entlang der Neuen Luppe vorbei an Wahren, wo Sie einen Badestopp im Auensee einlegen können. Hinter Schkeuditz fahren Sie dann entlang der Weißen Elster an Oberthau und Raßnitz entlang nach Lochau. Weiter radeln Sie durch Döllnitz, Radewell/Osendorf, Ammendorf und Beesen und schließlich über die Silberhöhe zum Ziel der Tour Halle, wo die Weiße Elster in die Saale mündet.

Charakteristik

Start: Leipzig, Clara-Zetkin-Park

Ziel: Halle/Mansfelder Brücke

Wegbeschaffenheit: Die Route verläuft großteils auf befestigten oder asphaltierten Radwegen und Straßen. Nur bei Schkeuditz fahren Sie für etwa 6 km auf Kieswegen.

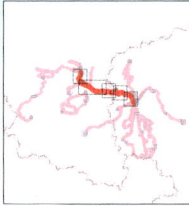

Verkehr: Die Route führt hauptsächlich über Radwege und ruhige Straßen. Mit etwas Verkehr ist nur in Radewell zu rechnen.

Beschilderung: Durchgängige Beschilderung mit dem Elsterradweg Logo.

Steigungen: Die Strecke verläuft vorwiegend eben.

An- und Abreise: Die S-Bahn fährt 2 Mal pro Stunde von Halle nach Leipzig.

Anschlusstour(en): 1, 3, 5, 7, 11, 14, 15

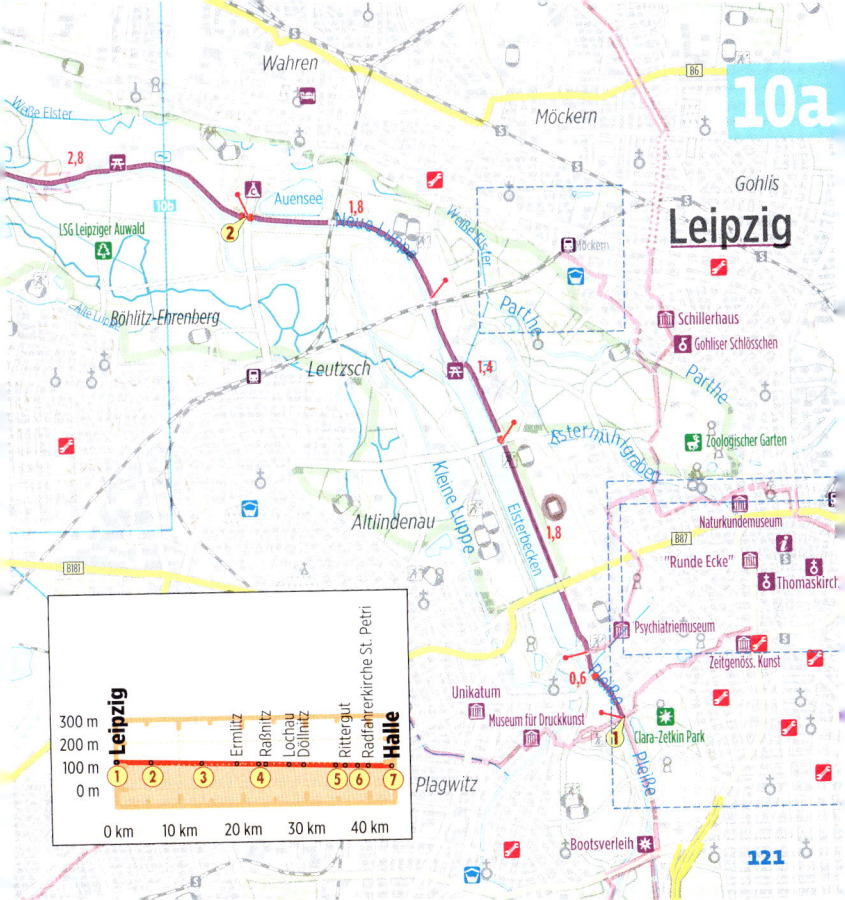

Wahren

Möckern

Gohlis

Leipzig

Weiße Elster

2,8

Auensee

1,8

LSG Leipziger Auwald

Alte Luppe

Böhlitz-Ehrenberg

Neue Luppe

Weiße Elster

Parthe

Leutzsch

1,4

Parthe

Schillerhaus

Gohliser Schlösschen

Zoologischer Garten

Kleine Luppe

Altlindenau

Estermühlgraben

Elsterbecken

1,8

Naturkundemuseum

"Runde Ecke"

Thomaskirch.

Psychiatriemuseum

Zeitgenöss. Kunst

0,6

Unikatum

Museum für Druckkunst

Clara-Zetkin Park

Pleiße

Plagwitz

Bootsverleih

300 m
200 m
100 m
0 m

Leipzig

Ermlitz
Raßnitz
Lochau
Döllnitz
Rittergut
Radfahrerkirche St. Petri
Halle

① ② ③ ④ ⑤ ⑥ ⑦

0 km   10 km   20 km   30 km   40 km

Schkeuditz

Basiskarte © OpenStreetMap Contributors

1 **Leipzig** s. S.19

Möckern (Leipzig)

Vorwahl: 0341

🏊 **Schwimmhalle Mitte**, Kirschbergstr. 84, ☎ 5852640, @ lbh433

2 **Wahren** (Leipzig)

🌲 **Auensee**. Das Landschaftsschutzgebiet mit seinen Auwaldresten, Streuobstwiesen und Feuchtbiotopen ist ein beliebtes Naherholungsziel der Leipziger. Es gibt einen großen Spielplatz und eine Parkeisenbahn. @ fxi511

---

3 **TIPP** Wenn Sie auf der Bundesstraße geradeaus weiterfahren, machen Sie einen Abstecher nach Schkeuditz.

Schkeuditz

Vorwahl: 034204

ℹ️ **Stadtverwaltung**, Rathauspl. 3, ☎ 880, @ wef172

🏛 **art Kapella**, Teichstr. 7, ☎ 13443 ☺ Eine ehemalige Kapelle auf dem alten Friedhof wurde zur Ausstellungshalle umgebaut, wo wechselnde Kunstausstellungen präsentiert werden. @ lka888

🏛 **Spielzeugmuseum**, Schillerstr. 44, ☎ 60823 ☺☺ In einem Kreuzgewölbe von 180 m² werden Spielzeuge aus der Zeit zwischen 1870 und 1970 gezeigt.

🏛 **Stadtmuseum**, Mühlstr. 50, ☎ 62711 ☺ In dem Museum wird die Geschichte der Stadt vom 17. bis zum 20. Jh. thematisiert. @ yqe262

⛪ **St. Albani**, Albanusstr. Die spätgotische Kirche mit dem markanten Turm wurde im 16. Jh. auf den Resten eines romani-

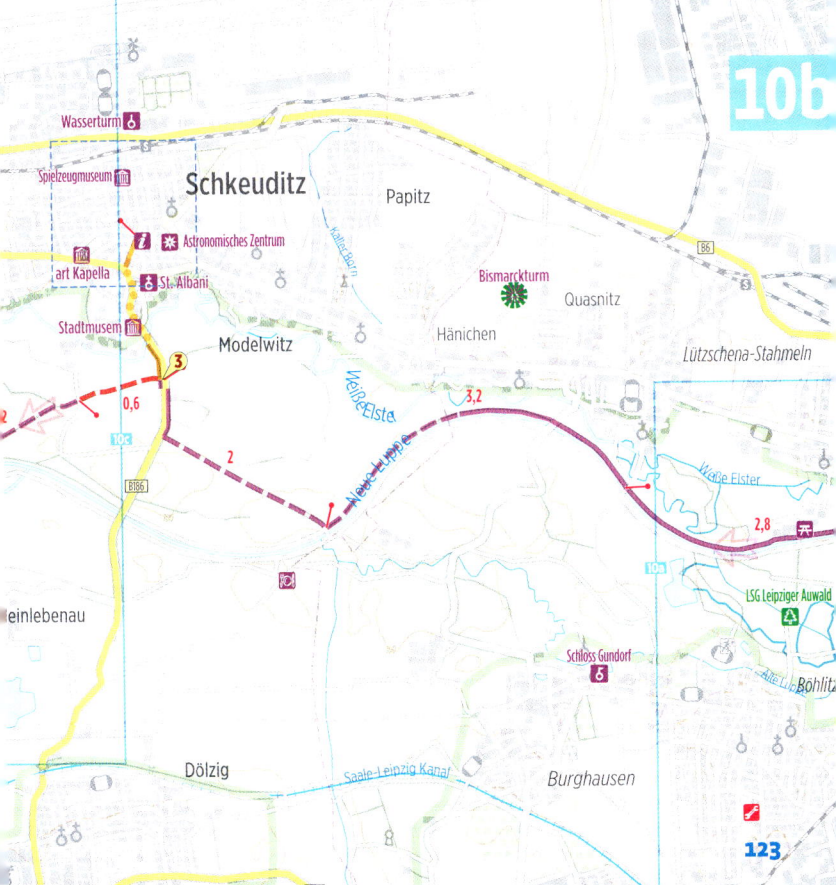

Wasserturm

Spielzeugmuseum

Schkeuditz

Papitz

Astronomisches Zentrum

art Kapella

St. Albàni

Bismarckturm

Quasnitz

Stadtmuseum

Hänichen

Modelwitz

3

Lützschena-Stahmeln

Weiße Elster

0,6

3,2

10c

Neue Luppe

2

B186

2,8

Weiße Elster

10b

LSG Leipziger Auwald

einlebenau

Schloss Gundorf

Böhlit

Alte Luppe

Dölzig

Saale-Leipzig-Kanal

Burghausen

Elsterradweg bei Schkeuditz

schen Vorgängerbaus aus dem 12. Jh. errichtet.

🛁 **Wasserturm**, Bergstr. 4. Der historische Wasserturm aus dem Jahr 1909 war bis 2009 in Betrieb, seitdem steht er leer.

✳️ **Astronomisches Zentrum**, Bergbreite 1, 📞 03421/758726 ✉️📞 Planetarium und Observatorium mit Aussichtsplattform. @ dnr724

Oberthau (Schkopau)

4 Raßnitz (Schkopau)

Lochau (Schkopau)

Burgliebenau (Schkopau)

🛁 **Bischofsburg**, Gutshof 3-4, 📞 0345/56649450, 📞 0178/1437844 ✉️📞 Die Anlage wurde Ende des 12. Jhs. von den Rittern von Liebenau als Wasserburg erbaut. Um 1680 ließ Herzog Christian I. die Burg zum Schloss umbauen, dabei wurde auch der Bergfried abgetragen. @ qkx746

Döllnitz (Schkopau)

🛁 **Dorfkirche**, Pl. der Einheit. Die barocke Kirche wurde zwischen 1712 und 1715 errichtet. Im Inneren gibt es neben einem geschnitzten Kanzelaltar von 1720 ein mit Malereien geschmücktes Tonnengewölbe zu sehen.

Radewell/Osendorf (Halle (Saale))

5 Ammendorf (Halle (Saale))

Beesen (Halle (Saale))

🛁 **Rittergut**, Gutsstr. 4. Das Gut entstand im Mittelalter, im Jahr 1557 wurde ein Turm - und im späten 16. Jh. ein Speichergebäu-

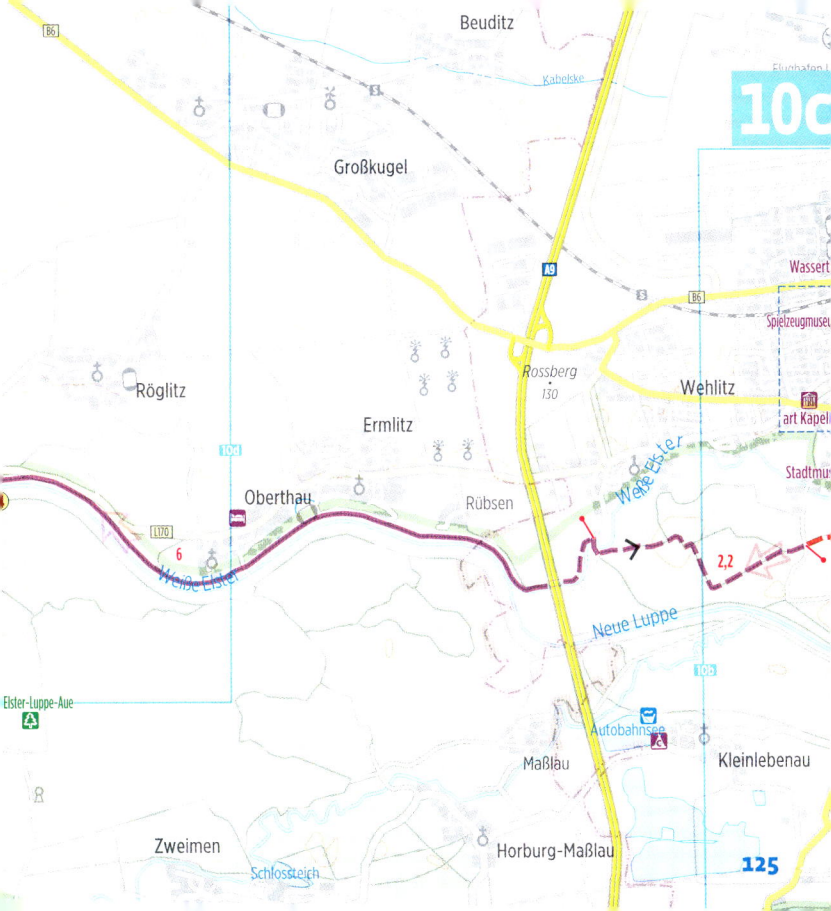

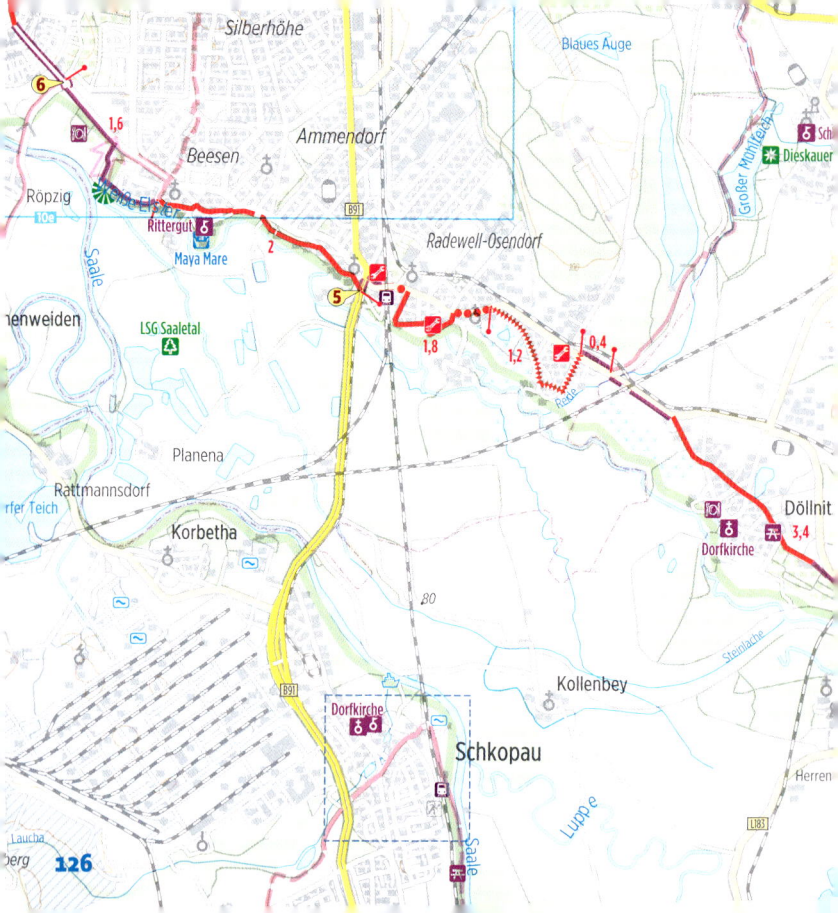

Silberhöhe

Blaues Auge

6

1,6

Dieskauer

Ammendorf

Beesen

Röpzig

Rittergut

Maya Mare

2

Radewell-Osendorf

B91

5

LSG Saaletal

1,8

1,2

0,4

Rede

Döllnit

Planena

Rattmannsdorf

rfer Teich

Korbetha

Dorfkirche

3,4

B91

80

Kollenbey

Dorfkirche

Steinlache

Schkopau

Herren

Laucha

erg

Luppe

L183

126

Saale

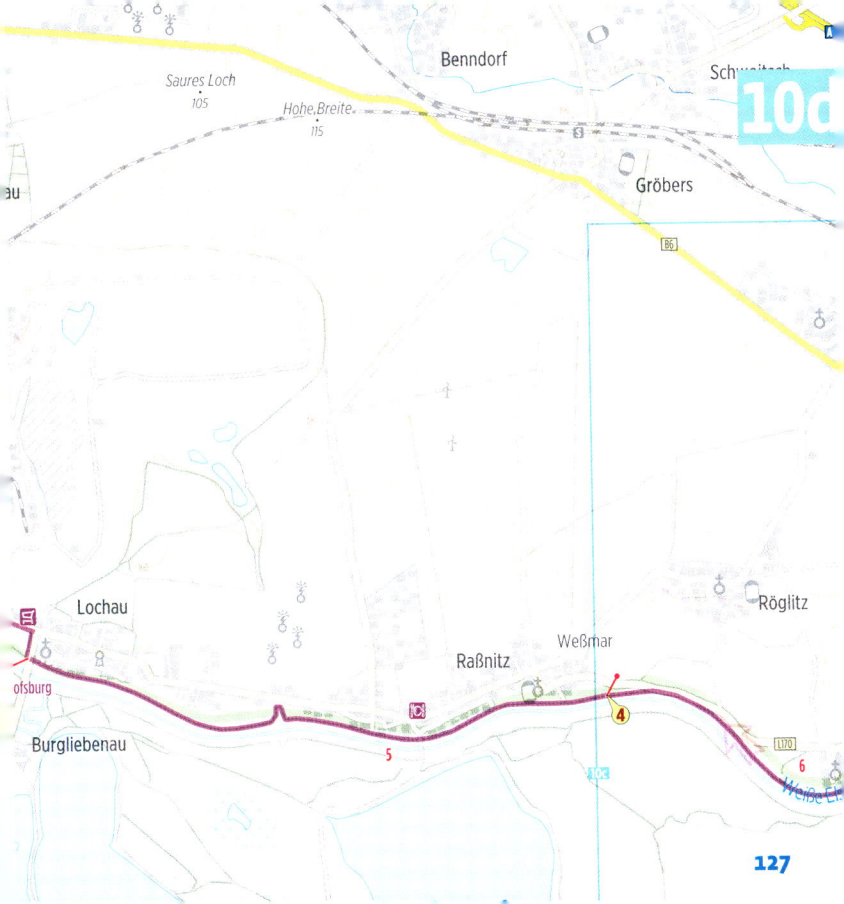

Benndorf

Schweitsch

Gröbers

B6

Saures Loch
105

Hohe Breite
115

Röglitz

Lochau

Weßmar

Raßnitz

ofsburg

④

Burgliebenau

5

10c

L170

6

Weiße E

Halle, Domplatz

de dazugebaut. Im Jahr 1593 erwarb die Stadt das Ensemble und so wurde aus dem Rittergut das Stadtgut Beesen. Heute befindet sich eine Waldorfschule im Gut.

Maya Mare, Am Wasserwerk 1, ✆ 0345/77420, @ vgh878

6 Silberhöhe (Halle (Saale))

Böllberg-Wörmlitz (Halle (Saale))

Dorfkirche Böllberg, Böllberger Weg 152, ✆ 0345/4441491. Die St. Nikolaus-Kirche (12. Jh.) im südlichen Ortsteil Böllberg ist Teil der Straße der Romanik in Sachsen-Anhalt.

Radfahrerkirche St. Petri, Anglerstr. 1, ✆ 0345/4441491 Die Dorfkirche aus dem 12. Jh. gehört zu den ältesten Baudenkmälern Halles. Im Jahr 1967 wurde die gesamte Innenausstattung bei einem Brand zerstört, nur der Taufstein, der steinerne Teil des Altars und das Epitaph an der Nordwand der Kirche blieben unversehrt. Seit 2009 ist die Wörmlitzer Dorfkirche „Radwegekirche am Saale-Radwanderweg". @ gsn173

7 Halle (Saale) s. S.131

ANSCHLUSS Hier können Sie mit der 24 km langen Rundtour 11 (Lunzberge und Brachwitzer Alpen) fortsetzen.

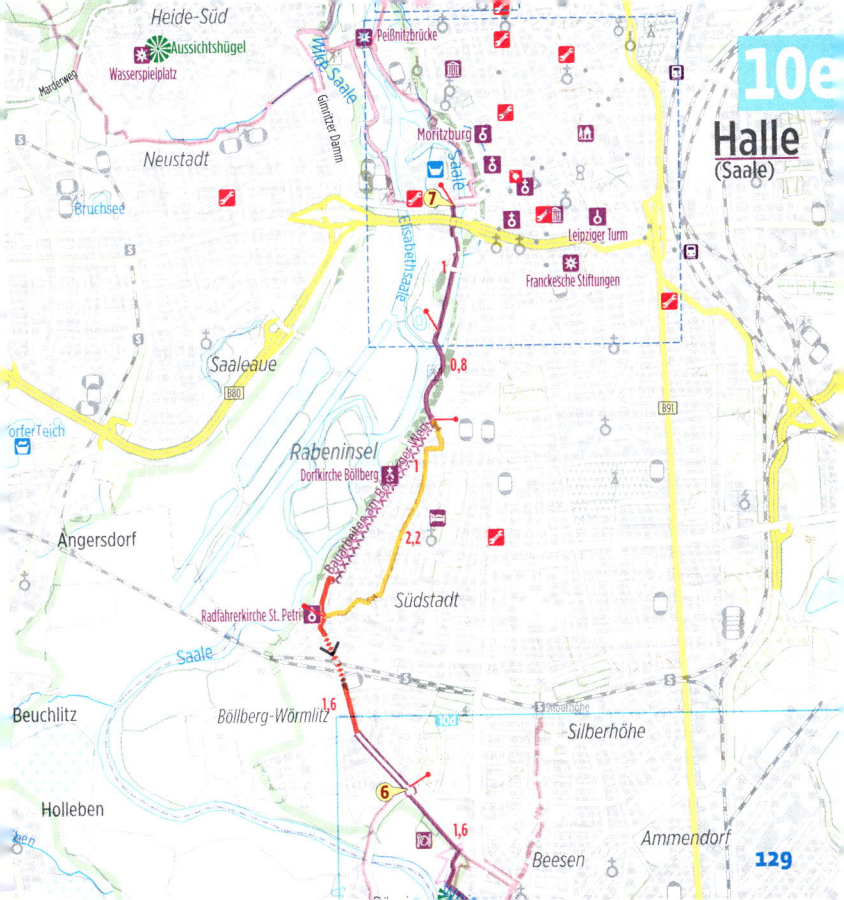

Heide-Süd

Aussichtshügel

Wasserspielplatz

Marderweg

Neustadt

Bruchsee

Saaleaue

orferTeich

Rabeninsel

Angersdorf

Beuchlitz

Holleben

West Saale

Ginritzer Damm

Peißnitzbrücke

Moritzburg

Elisabethsaale

Saale

Leipziger Turm

Franckesche Stiftungen

B80

B91

Dorfkirche Böllberg

Radfahrerkirche St. Petri

Böllberg-Wörmlitz

Saale

Südstadt

Silberhöhe

Ammendorf

Beesen

0,8

2,2

1,6

1,6

7

6

10e

Halle
(Saale)

Tour 11   Lunzberge und Brachwitzer Alpen

24,1 km

HM/km: ↗ 2,2 (54m) ↘ 2,2 (54m)   **Radweg:** 54 %   **Unbefestigt:** 14 %   **Verkehr:** 3 %

Die Rundtour beginnt an der Mansfelder Brücke in Halle. Am linken Saaleufer fahren Sie am Saaleradweg durch Kröllwitz nach Lettin. Weiter durch das NSG Lunzberge nach Neuragoczy, wo Sie die Fähre nach Brachwitz nehmen. Am Nordufer der Saale zurück, linker Hand die Porphyrlandschaft der Brachwitzer Alpen. Vorbei am Hafen Halle nach Trotha und weiter entlang der Saale mit Blick auf die Klausberge. Sie passieren die sehenswerte Burg Giebichenstein und erreichen nach Überquerung der Ochsenbrücke die Ziegelwiese, die zu einer Rast einlädt. Über die Saalepromenade radeln Sie wieder zurück zur Mansfelder Brücke.

Charakteristik

Start/Ziel:
Halle, Mansfelder Brücke

Wegbeschaffenheit:
Die Route verläuft weitestgehend auf festen Park- und Feldwegen, asphaltierten Radwegen und Straßen. Nur ein Teilstück bei den Brachwitzer Alpen ist unbefestigt.

Verkehr: Sie fahren hauptsächlich auf Radwegen und ruhigen Straßen.

Beschilderung: Saale-Radweg bis Brachwitz.

Steigungen: Die Strecke weist, außer bei Lettin und Kröllwitz, wo es eine steilere Abfahrt und leichte Steigungen gibt, keine nennenswerten Steigungen auf.

Anschlusstour(en): 10, 12

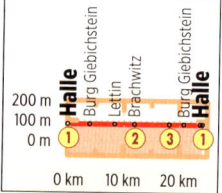

1 Halle (Saale)

Vorwahl: 0345

i **Tourist-Information**, Marktpl. 13, Markt-schlösschen, ☎ 1229984, @ fld743

Beatles-Museum, Alter Markt 12, ☎ 2903900 ⊕ Das 1989 in Köln gegründete Museum zog im Jahr 2000 nach Halle um. In dem sanierten Barockhaus im Zentrum der Stadt werden etwa 3.500 Exponate gezeigt und die Erfolgsstory der legendären Band dokumentiert. @ xxf522

Gedenkstätte Roter Ochse, Am Kirchtor 20b, ☎ 2201337 ⊕ Bereits in der Mitte des 19. Jhs. wurde die Haftanstalt in Betrieb genommen. Während der NS-Zeit diente sie als Zuchthaus für politische Gefangene, zwischen 1950 und 1989 als Untersuchungshaftanstalt des DDR-Ministeriums für Staatssicherheit. @ nwp621

Geiseltalmuseum, Domstr. 5, ☎ 5526550 ⓒ Das geologisch-paläontologische Museum zeigt Fossilien aus den ehemaligen Braunkohle-Tagebauen im Geiseltal. @ msk127

Händel-Haus, Gr. Nikolaistr. 5, ☎ 500900, ☎ 5009221 ⊕ Der Komponist Georg Friedrich Händel (1685-1759)

Halle, Moritzburg

hat seine Heimatstadt bereits 18-jährig verlassen, um in London Triumphe zu feiern. Das Händel-Haus erzählt die Geschichte der Geburts- und Wohnstätte Georg Friedrich Händels von 1685–1703. Händel gilt neben Bach als der bedeutendste Barockmusiker und -komponist. @ gbb823

🏛 **Kunstmuseum Moritzburg**, Friedemann-Bach-Pl. 5, ✆ 212590 ⚐ Neben Ausstellungen zur Kunst aus dem 19. Jh. stehen vor allem Werke der Klassischen Moderne mit Bildern von Gustav Klimt, Emil Nolde oder Max Beckmann im Zentrum der umfangreichen Sammlung. @ ifq452

🏛 **Stadtmuseum**, Große Märkerstr. 10, ✆ 2213030 ⚐ Im Christian-Wolff-Haus in unmittelbarer Nähe zum Marktplatz ist der Stammsitz des Museums untergebracht. Daneben gibt es noch andere Standorte, die entweder Ausstellungen zur Geschichte der Stadt präsentieren oder als historische Sehenswürdigkeiten besichtigt werden können: Druckerei, Oberburg Giebichenstein, Hausmanns-

türme, Leipziger Turm und Roter Turm. @ vjq824

🏛 **Technisches Halloren- und Salinemuseum**, Mansfelder Str. 52, ✆ 2093230, ☾ Wegen Umbau bis auf Weiteres geschlossen. In einem ehemaligen Salztonnenmagazin wird Stadtgeschichte in Verbindung mit der Geschichte der Halloren dargestellt. Eine funktionstüchtige Siedepfanne des 19. Jhs. veranschaulicht die Salzgewinnung von der Sole bis zum abgepackten Salz. @ qqs623

🔲 **Dom**, Dompl., ✆ 2021379. Die große dreischiffige Hallenkirche wurde 1283 geweiht und um 1520 umgebaut. Aus dieser Zeit sind im Inneren noch u. a. die Reihe der Pfeilerapostel, Portale und die Emporenaufgängen erhalten. @ suh224

🔲 **Marktkirche Unser Lieben Frauen**, An der Marienkirche ⚲ Die dreischiffige spätgotische Hallenkirche der Augustinerchorherren (1388-1511) beherbergt die berühmten Figuren des Konrad von Einbeck und einen Hochaltar von 1511. Bei täglich stattfindenden Führungen können

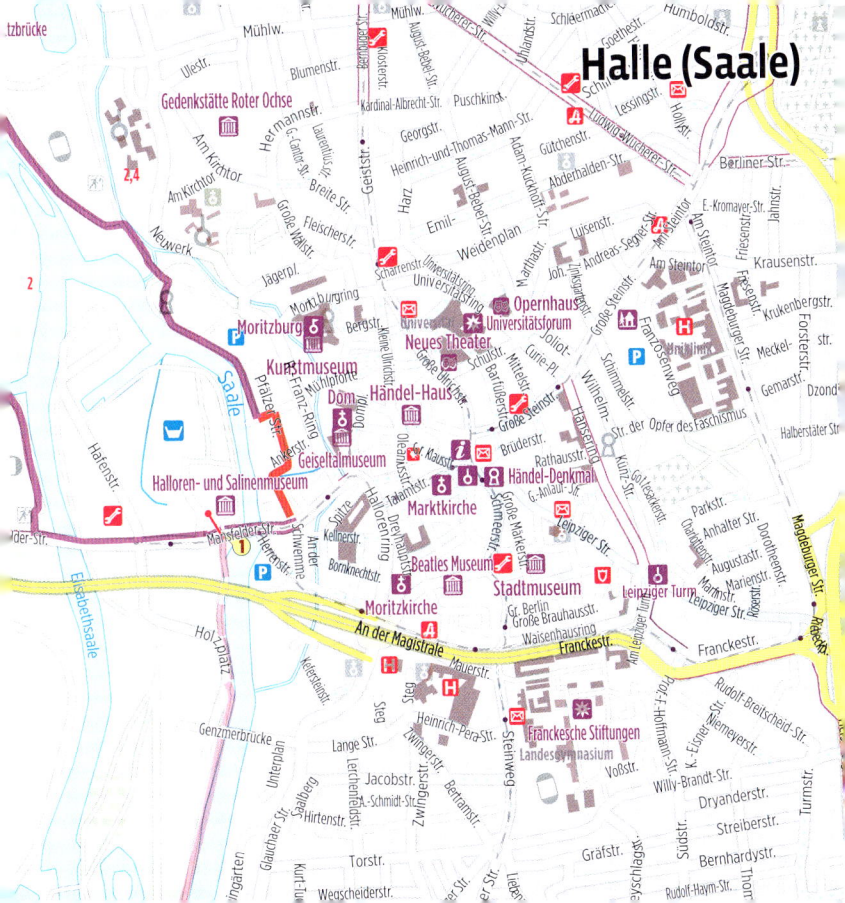

Halle (Saale)

die beiden östlichen Türme der imposanten Kirche bestiegen werden. Nach 222 Stufen ergibt sich von oben ein herrlicher Blick über die Stadt.

🄳 Moritzburg, Friedemann-Bach Pl. 5. Die kastellähnliche Burg der Erzbischöfe entstand um 1500 als Zwingfeste gegen die Stadt und wurde im Dreißigjährigen Krieg zum Teil zerstört. Ab dem 19. Jh. wurde der Westflügel der Ruine für universitäre Zwecke und später für die städtischen Sammlungen ausgebaut. @ jia733

🄴 Leipziger Turm, Töpferplan 26, ☎ 2213030. Der Turm blieb als einziger von ehemals 40 Türmen der mittelalterlichen Stadtbefestigung erhalten. @ orq338

🄴 Roter Turm, Markt, ☎ 2213030, ⊙ Besichtigungen nur im Rahmen einer Führung. Der Turm wurde 1418-1506 im spätgotischen Stil errichtet und ist ein Wahrzeichen der Stadt Halle. Er beherbergt mit 76 Glocken Europas größtes Turmglockenspiel. Führungen: Fr 17 Uhr, Sa 14 Uhr. @ cwv352

🄷 Händel-Denkmal, Marktpl. Die 1.500 kg schwere Bronzestatue wurde 1859 anlässlich des 100. Todestages von Georg Friedrich Händel aufgestellt.

✳ Franckesche Stiftungen, Franckepl. 1, ☎ 2127400 ⊛ Die Kultur- und Wissenschaftseinrichtung (1698) befindet sich auf einem 14 ha großen Areal, auf dem u. a. eine Kulissenbibliothek, Schulgebäude aus vier Jahrhunderten und das längste Fachwerkhaus Europas (114 m) stehen. @ oue312

✳ Peißnitzbrücke. Die 1899 errichtete Peißnitzbrücke, auch Brücke der Freundschaft genannt, verbindet die Nördliche Innenstadt und Giebichenstein mit der Peißnitzinsel. Von der ca. 103 m langen Brücke hat man einen schönen Blick auf den Heinrich-Heine Felsen.

✳ Universitätsforum, Universitätspl. Das Hauptgebäude der Universität mit seinem sehenswerten Treppenhaus entstand um 1830. Der Backsteinrohbau der 1880 vollendeten Universitätsbibliothek gehört zu den wichtigsten deutschen Bibliotheksbauten der 2. Hälfte des 19. Jhs.

Freibad Saline, Mansfelder Str. 50,
☎ 58173832

Es waren vor allem die Gewinnung und der Handel mit Salz, die Halle bereits im 11. und 12. Jahrhundert zu einem Aufschwung verhalfen. So gab die hochmittelalterliche Ostkolonisation das hallesche Recht an mehr als 300 Orte Schlesiens und Polens weiter, 1281 trat die Stadt der Hanse bei. Die bürgerlich-ständische Freiheit wurde aber zweihundert Jahre später vom Wettiner Erzbischof schroff in die Schranken gewiesen, als er die Stadt besetzen ließ und als nachdrückliche Geste die nach dem Vorbild der preußischen Ordensburgen errichtete Moritzburg ins Ortsbild stellte.

Das Symbol für die Niederlage der Stadt wurde schließlich zur Residenz des erzbischöflichen Nachfolgers, Albrechts, der bereits etwas kunstsinniger und bürgerfreundlicher agierte. Dieses spannungsreiche Verhältnis zwischen kirchlicher

Halle, Marktkirche

Bevormundung und neuzeitlichem Drang nach Souveränität schuf in Halle jenen kulturellen Boden, „an dem länger und heftiger als anderswo alter Glaube und erneuertes Evangelium, Gotik und Renaissance miteinander die Kräfte messen".

Diese ambivalente Geisteshaltung dürfte auch nach Gründung der Friedrichs-Universität im Jahr 1694 weiter gewirkt haben, als Studenten und Gelehrte nach Halle strömten, um im Sinne der Aufklärung oder im Geiste des frommen Pietismus zu lernen und zu lehren. Der „Alma mater hallensis" verliehen von Anfang an Namen wie der Gelehrte der Aufklärung Thomasius, der Mathematiker und Philosoph Wolff oder der Theologe Francke eine große Anziehungskraft. Letzterer trug mit seinen Stiftungen für Arme und Waisen, in ihrer Art beispielhaft für Europa, weiter zum Ansehen der Stadt bei.

Der Siebenjährige Krieg 1756–63, bei dem – bis auf die Salzproduktion – das gesamte Wirtschaftsleben zusammenbrach, tat der Entwicklung der preußischen Stadt

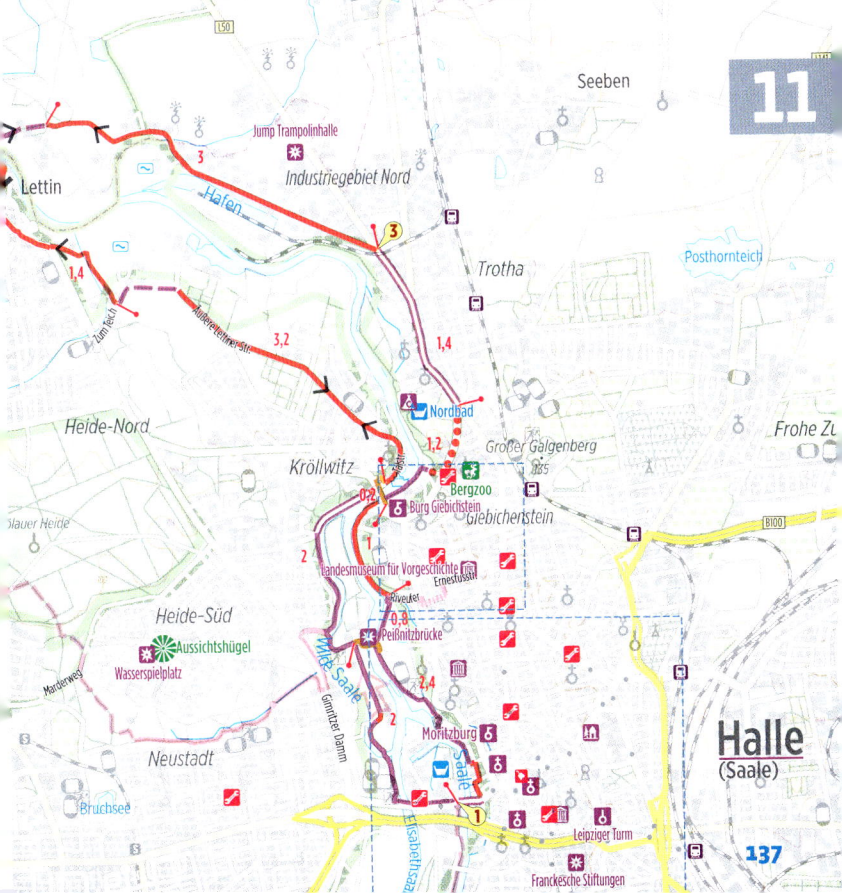

Seeben

Jump Trampolinhalle

3

Industriegebiet Nord

Lettin

Hafen

3

Trotha

Posthornteich

1,4

3,2

Zum Teich

Teutschenthalerstr.

1,4

Heide-Nord

NordBad

1,2

Großer Galgenberg

Frohe Zu

Kröllwitz

Bergzoo

0,2

Burg Giebichstein

Giebichenstein

1

B100

2

Landesmuseum für Vorgeschichte

Ernestusstr.

Blauer Heide

Rivulet

0,8

Heide-Süd

Aussichtshügel

Wasserspielplatz

Peißnitzbrücke

Marderweg

Wilde Saale

2,4

Halle
(Saale)

2

Ginnitzer Damm

Moritzburg

Saale

Neustadt

1

Leipziger Turm

Bruchsee

Elisabethsaal

Franckesche Stiftungen

einen schweren Abbruch. Eine Wende zum Besseren brachte erst das 19. Jahrhundert, in dem sich die regionale Rübenzucker-industrie und der Maschinenbau um Halle zentrierten. Die Arbeiterschaft machte in der Folge die Stadt zu einer Hochburg der Sozialdemokratie, die hier 1890 ihren ersten Parteitag abhielt. Aus dem Zweiten Weltkrieg ging Halle als eine der besterhaltenen Großstädte hervor. Die in DDR-Zeiten versäumte Sanierung der Innenstadt wird seit der Wende nachgeholt, sodass die Stadt nach und nach ihren alten Glanz zurückgewinnt.

Kröllwitz (Halle (Saale))

Lettin (Halle (Saale))

Vorwahl: 0345

🚻 St. Wenzel, Nordstr. 2, ✆ 5504107. Im 12. Jh. wurde die erste Steinkirche erbaut, u. a. weist der weithin sichtbare romanische Wehrturm darauf hin. Im 17. und 18. Jh. wurde die Kirche erweitert. @ qit871

2 Brachwitz (Wettin-Löbejün)

Vorwahl: 0345

⛴ **Fähre Brachwitz**, Fährstr., ✆ 68028733 ♿, @ juw551

🅰 **Brachwitzer Alpen**, Saaleweg. Die 2 km östlich von Brachwitz gelegene, etwa 150 ha große Porphyr-Landschaft über dem Saale-Ufer steht unter Naturschutz. Das Gebiet ist geprägt von imposanten Felsen, Steilhängen, ehemaligen Steinbrüchen und temporären Feuchtgebieten. @ wcp668

3 Industriegebiet Nord (Halle (Saale))

❄ **Jump Trampolinpark**, Magdeburger Chaussee 47, ✆ 01522/7000666 ♿ Großer Trampolinpark mit verschiedenen Parcours. @ mrk348

Trotha (Halle (Saale))

Vorwahl: 0345

✉ **Nordbad**, Am Nordbad 12, ✆ 58173860, @ lmt664

Giebichenstein (Halle (Saale))

Vorwahl: 0345

⛴ **Halle-Saale-Schifffahrt MS Händel**, Riveufer, ✆ 034602/52204, ✆ 0173/1792232. Anlegestelle in der Nähe der Burg Giebichenstein. @ ysg872

Burg Giebichenstein

Landesmuseum für Vorgeschichte, Richard-Wagner-Str. 9, ✆ 524730 ♿ Mit 10 Mio. Objekten die größte Sammlung archäologischer Funde in Ostdeutschland. Zu den herausragenden Exponaten gehören: die Himmelsscheibe von Nebra, Knochenreste des Homo erectus von Bilzingsleben oder das vollständige Mammutskelett aus dem Geiseltal. @ fuh566

Burg Giebichenstein, Seebener Str. 1, ✆ 5233857 ♿ Die Oberburg (12. Jh.) wurde 1636 durch einen Brand zerstört. Um 1900 wurde der Bergfried wiederhergestellt. In der Zeit der Romantik pilgerten Brentano und Goethe hierher, um den sagenumwobenen Platz und den herrlichsten Blick ins Saaletal zu genießen. Die wuchtige Unterburg wurde Mitte des 15. Jhs. als erzbischöfliche Residenz erbaut. @ wym261

Bergzoo, Reilstr. 57, ✆ 5203300 🐾 Der 1961 auf die Bergspitze gesetzte Flugkäfig des Tiergartens beeindruckt mit seiner Seilnetzkonstruktion. @ avc663

Stadtplan Giebichenstein s. Tour 12

1 Halle (Saale) s. S.131

Tour 12   Auf dem Himmelsscheiben-Radweg

74,8 km

HM/km: ↗ 3,9 (290m) ↘ 3,6 (266m)   **Radweg:** 32 %   **Unbefestigt:** 36 %   **Verkehr:** 9 %

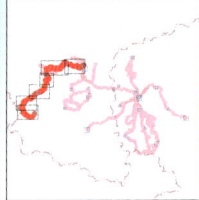

Die Tour startet in Giebichstein am Landesmuseum für Vorgeschichte, dem Aufbewahrungsort der Himmelsscheibe von Nebra. Über Zappendorf fahren Sie zum Süßen See und weiter durch Seeburg, Aseleben und Röblingen nach Querfurt mit seiner imposanten Burg. Weiter geht es durch den Ziegelrodaer Forst nach Wangen, hier führt ein Abzweig über das Besucherzentrum Arche Nebra zum Mittelberg, dem Fundort der Himmelsscheibe. Entlang der Unstrut geht es schließlich zum Ziel der Tour, nach Nebra.

Charakteristik

Start: Halle, Landesmuseum für Vorgeschichte

Ziel: Nebra

Wegbeschaffenheit: Die Route verläuft auf asphaltierten Radwegen und Straßen, aber auch auf Waldwegen und unbefestigten Feldwegen.

Verkehr: Sie fahren hauptsächlich auf ruhigen Straßen. Mit etwas Verkehr ist nur vor Rollsdorf und Röblingen sowie in Nebra zu rechnen.

Beschilderung: Durchgängige Beschilderung mit dem Himmelsscheibenradweg-Logo.

Steigungen: Ab Röblingen geht es stetig bergauf bis in den Ziegelrodaer Forst, danach geht es bergab nach Wangen.

An- und Abreise: Mit der RB 77 über Naumburg (RB 25) nach Halle (Saale).

Anschlusstour(en): 11, 13

1 Giebichenstein (Halle (Saale))

Vorwahl: 0345

- 🚢 **Halle-Saale-Schifffahrt MS Händel**, Riveufer, ✆ 034602/52204, ✆ 0173/1792232. Anlegestelle in der Nähe der Burg Giebichenstein. @ ysg872

- 🏛 **Landesmuseum für Vorgeschichte**, Richard-Wagner-Str. 9, ✆ 524730 ♿ Mit 10 Mio. Objekten die größte Sammlung archäologischer Funde in Ostdeutschland. Zu den herausragenden Exponaten gehören: die Himmelsscheibe von Nebra, Knochenreste des Homo erectus von Bilzingsleben oder das vollständige Mam-

mutskelett aus dem Geiseltal. @ fuh566

- 🏰 **Burg Giebichenstein**, Seebener Str. 1, ✆ 5233857 ♿ Die Oberburg (12. Jh.) wurde 1636 durch einen Brand zerstört. Um 1900 wurde der Bergfried wiederhergestellt. In der Zeit der Romantik pilgerten Brentano und

Halle, Landesmuseum für Vorgeschichte

Goethe hierher, um den sagenumwobenen Platz und den herrlichsten Blick ins Saaletal zu genießen. Die wuchtige Unterburg wurde Mitte des 15. Jhs. als erzbischöfliche Residenz erbaut. @ wym261

🟢 **Bergzoo**, Reilstr. 57, ☎ 5203300 ⏰ Der 1961 auf die Bergspitze gesetzte Flugkäfig des Tiergartens beeindruckt mit seiner Seilnetzkonstruktion. @ avc663

Heide Süd (Halle (Saale))

❇ **Aussichtshügel Heide-Süd**, Braunlager Str. ⏰ Der Hügel bietet einen Blick auf die 5 Türme des nahe gelegenen Marktplatzes von Halle, auf dem Hügel befindet sich auch ein Teleskop. Gleich daneben

Lettin
St. Wenzel
Hafen
Industriegebiet Nord

12a

Nordbad

Kröllwitz
Großer Ga...
Bergzoo
Burg Giebichstein
Giebichenstein

Heide-Nord

Dölau

Hechtgraben

Zum Teich

Äußere Lettiner Str.

L159

Dölauer Heide

LSG Unteres Saaletal
6,5

Landesmuseum für Vorgeschichte
Ernestusstr.
Riveufer

Heide-Süd
Aussichtshügel
Wasserspielplatz

Peißnitzbrücke

Marderweg

Wilde Saale

Gimritzer Damm

2,4

Moritzburg

Neustadt

Halle
(Saale)

Heidesee

Bruchsee

Nietleben

...iedhofsteich

Steinbruchsee

Saaleaue

Zscherben

Angersdorfer Teich

Saale

Elisabethsaale

Fran...

Rabeninsel
Dorfkirche Böllberg...

B80

143

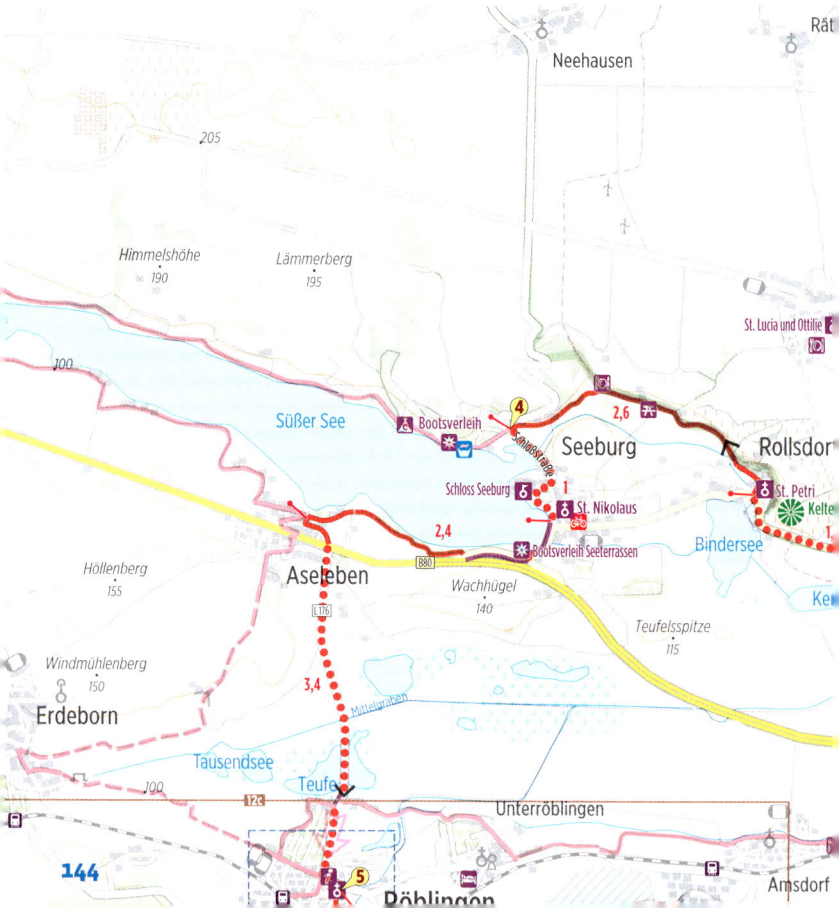

Rät

Neehausen

205

Himmelshöhe
190

Lämmerberg
195

St. Lucia und Ottilie

100

Süßer See

Bootsverleih

④ 2,6

Seeburg

Rollsdor

Schloss Seeburg

1

St. Nikolaus

St. Petri

Kelte

2,4

Bootsverleih Seeterrassen

Bindersee

B80

1

Ke

Höllenberg
155

Aseleben

Wachhügel
140

Teufelsspitze
115

Windmühlenberg
150

L176

3,4

Erdeborn

Mittelgraben

Tausendsee

100

12c

Teufe

Unterröblingen

144

⑤

Röblingen

Amsdorf

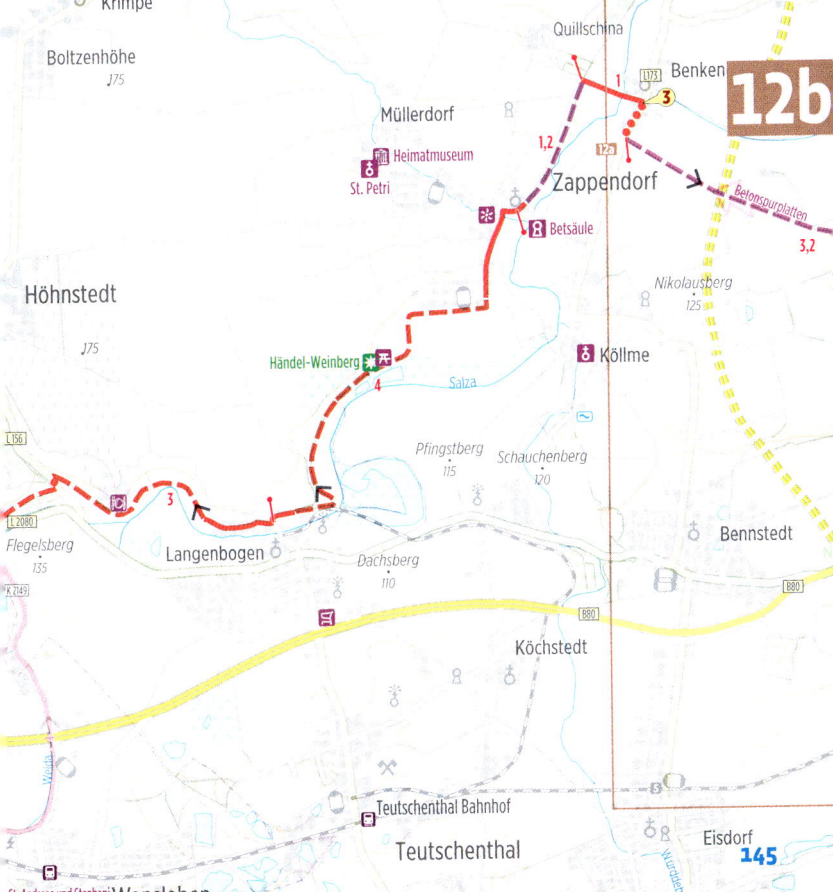

Krimpe

Boltzenhöhe
_/75_

Müllerdorf

Heimatmuseum
St. Petri

Betsäule

Quillschina

Benken

12b

L173

3

L74

1

1,2

Zappendorf

Betonspurplatten

3,2

Höhnstedt
_/75_

Händel-Weinberg

4

Salza

Nikolausberg
_125_

Köllme

L156

3

L2080

Flegelsberg
_135_

K2149

Langenbogen

Pfingstberg
_115_

Schauchenberg
_120_

Dachsberg
_110_

Bennstedt

B80

B80

Köchstedt

Teutschenthal Bahnhof

Teutschenthal

St. Andreas und Stephani Wansleben

Eisdorf

145

Wurstdam

Seeburg

gibt es einen Wasserspielplatz.

Neustadt (Halle (Saale))

2 Lieskau

🔯 **Lieskauer Kirche**, Kirchstr. 5a. Die Kirche, mit der aus dem 12. Jh. stammenden steinernen Altarplatte, ist das älteste Gebäude im Ort. @ gcd635

3 Benkendorf (Salzmünde)

Zappendorf

🏛 **Heimatmuseum**, Am Brunnen 12, Müllersdorf (Zappendorf), ✆ 0172/3427369 ⓔ In den Ausstellungsräumen wird die Ortsgeschichte sowie die Geschichte zur Haus- und Landwirtschaft von ca. 1900 bis 1989 präsentiert. @ slq463

🔯 **St. Petri**, Müllersdorf (Zappendorf). Die Kirche stammt ursprünglich aus der 2. Hälfte des 12. Jhs. Durch Blitzschlag und Brand wurde sie im Jahre 1896 stark beschädigt. Im darauffolgenden Jahr wurde die Kirche im neuromanischen Stil wieder aufgebaut.

🔯 **Köllmer Kirche**, Köllme (Zappendorf). Die Kirche ist das älteste Bauwerk der Ortsteile von Zappendorf. Im Zuge baulicher Veränderungen ist der romanische Baustil der aus der 2. Hälfte des 12. Jhs. stammenden Kirche erhalten geblieben.

❄ **Wassermühle Flatersleben/Zappendorf**. Die Wassermühle, die es bereits

im Jahre 1234 gab, wurde stark verwüstet und im Jahre 1589 wieder aufgebaut. Durch den Dreißigjährigen Krieg wurde sie erneut zerstört. Der Wiederaufbau erfolgte in den Jahren 1722 bzw. 1728. Neben der Wassermühle in Zappendorf, gibt es noch zwei weitere Mühlen, in den Ortsteilen Köllme und Müllerdorf. Die Mühle in Köllme ist heute eine Ruine.

🟪 Betsäule. Die Säule aus dem Jahr 1518 bildet in Zappendorf ein Kleinod spätgotischer Bildhauerkunst. Die genauen Hintergründe ihrer Entstehung sind unbekannt.

✚ Händel-Weinberg. Der Vater von Georg Friedrich Händel hatte in den ehemaligen Weingärten rund um Zappendorf einen eigenen Weinberg. Die Wiederaufrebung erfolgte 1999, mit 203 Weinstöcken der Sorte Gutedel. @ poi138

Langenbogen
Rollsdorf (Seeburg)

🟪 St. Petri, Hallbergstr. 9. Die ursprüngliche Kirche stammt aus dem 12. Jh. und wurde 1903 aufgrund der Baufälligkeit abgerissen. Die heutige Kirche ist der englischen Architektur des 19. Jhs. nachempfunden.

✳ Kelterbergblick ㉔ Schöner Blick auf die Kelterbergterrassen.

Röblingen am See

4 Seeburg

Vorwahl: 034774

🔶 **St. Nikolaus.** Die unter Denkmalschutz stehende „Fleckenkirche" wurde höchstwahrscheinlich im Jahre 1180 als Wehrkirche erbaut. Im Inneren der Kirche sind unter anderem der Altaraufsatz, der Taufstein sowie die 1991 restaurierte Orgel zu bewundern.

🔶 **Schloss Seeburg,** Schloss Str. 18. Das Schloss, das auf dem Gelände einer größeren Volksburg errichtet wurde, zählt zu den größten und ältesten Burgen Mitteldeutschlands. Die alte Volks- und Fluchtburg wurde bereits im Jahr 743 als „Hochseeburg" erwähnt. Die Gründung der steinernen Burg erfolgte im 11. Jh. durch die Edelherren von Querfurt. Im 12./13. Jh. fand der weitere Ausbau der Seeburg durch die Erzbischöfe von Magdeburg und den Grafen von Mansfeld statt. Der Umbau zum Schloss erfolgte im 15./16. Jh. unter dem Grafen von Mansfeld. @ hlb673

✳️ **Bootsverleih,** Nordstrand 17F, ✆ 0177/8218493 🅿 Verleih von Tretbooten und SUPs. @ rtn624

✳️ **Bootsverleih Seeterrassen,** Südufer 1, ✆ 718740, ✆ 0170/2647866. Verleih von Tret-, Ruder- und Elektrobooten sowie SUPs. @ qtg885

🔵 **Süßer See,** Nordstrand

Aseleben

5 Röblingen am See

Vorwahl: 034774

🔷 **Gemeindeverwaltung,** Pfarrstr. 8, ✆ 4440, @ nnx628

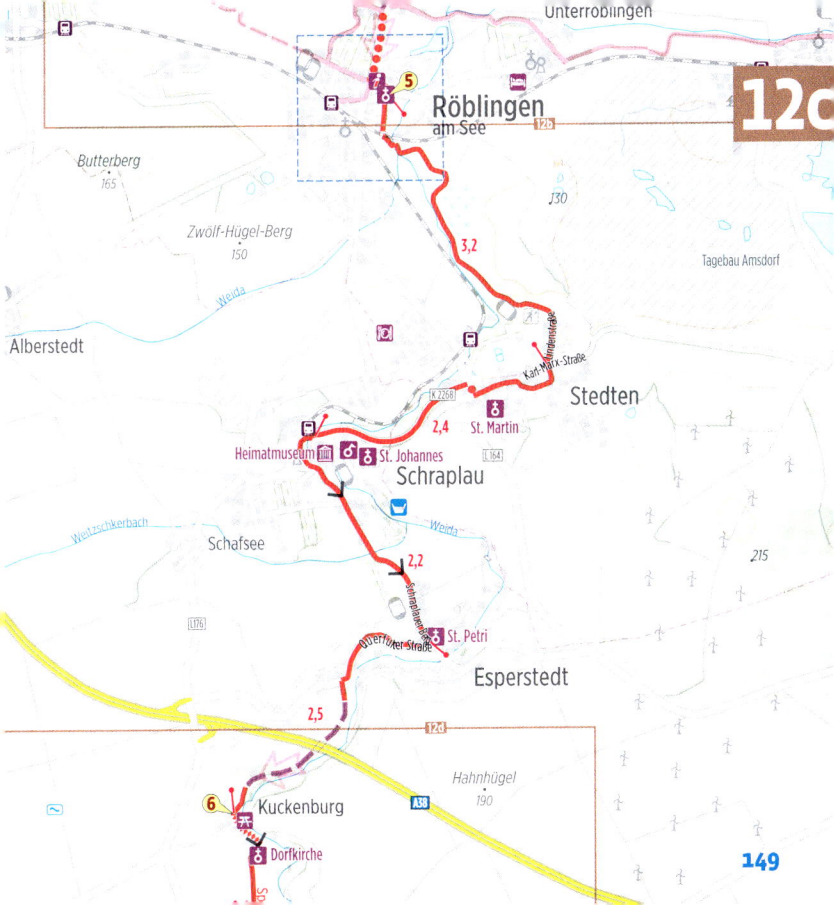

Unterröblingen

12c

Röblingen
am See

Butterberg
165

Zwölf-Hügel-Berg
150

130

Tagebau Amsdorf

Alberstedt

Weida

3,2

Karl-Marx-Straße

Stedten

K 2268

2,4   St. Martin

Heimatmuseum   St. Johannes

Schraplau

Schafsee

Weida

Wietzschkerbach

215

2,2

Schmalbahntal

Dorfhütter Straße

St. Petri

Esperstedt

2,5

Hahnhügel
190

A38

Kuckenburg

6

Dorfkirche

⑧ St. Stephani, Pfarrstr. 4, ☎ 90808. Der eindrucksvolle Bau der Kirche (1200) ist Teil des historischen Dorfkerns. @ vpr558

Die erste schriftliche Erwähnung von Röblingen, unter dem damaligen Namen Seeröblingen in der Grafschaft Siegfrieds, stammt aus dem Jahre 932. Der Ort lässt sich auf die älteste wirtschaftliche Vergangenheit im Mansfelder Land zurückführen. So wurden bereits vor 2.000 Jahren die ersten Salinen von den Hermunduren, einem Volksstamm der Elbgermanen, betrieben. Im Laufe der Jahrhunderte entwickelte sich unter anderem der Kupferschiefer- und der Braunkohlebergbau um Röblingen. Röblingen wurde somit zum Bergmannsdorf.

Stedten

⑧ St. Martin, Schulstr. 11. Die Kirche, die 1517 erbaut und in spätgotischer Zeit umgebaut wurde, ist im Inneren im Renaissance-Stil ausgeführt, sie vereint somit mehrere Baustile miteinander.

Schraplau

Vorwahl: 034774

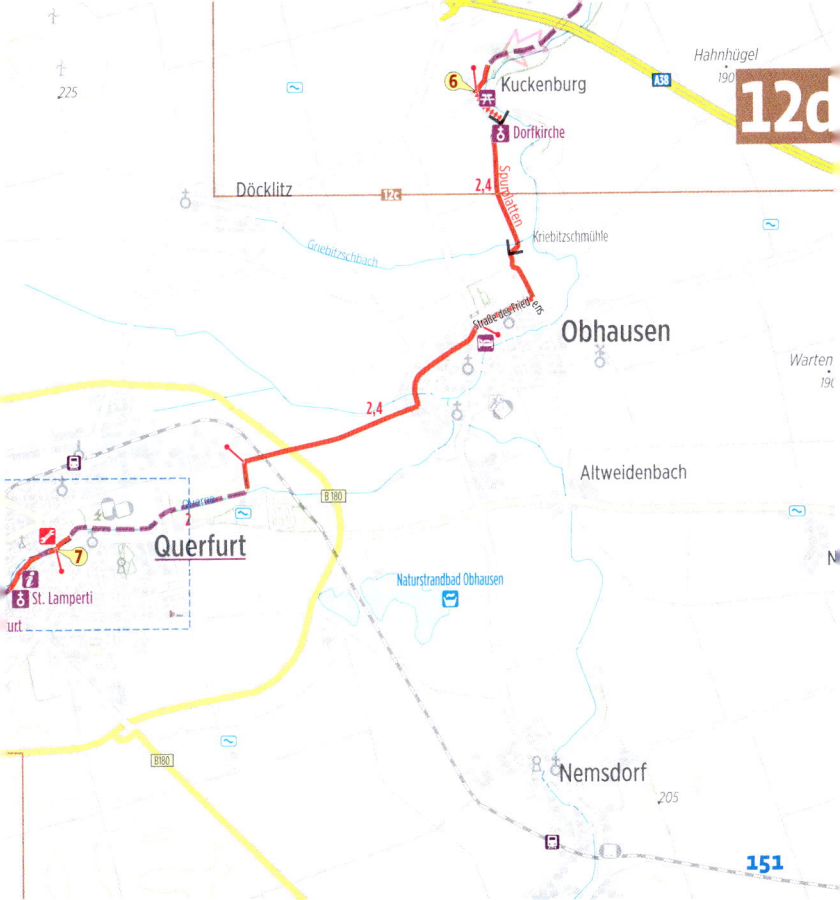

Hahnhügel
190

A38

6 Kuckenburg

Dorfkirche

Döcklitz

12c

2,4

Sußbachten

Kriebitzschmühle

Griebitzschbach

Obhausen

Straße des Friedens

Warten
190

2,4

Altweidenbach

B 180

7 Querfurt

2

St. Lamperti
urt

Naturstrandbad Obhausen

225

Nemsdorf
205

B 180

- **Heimatmuseum**, Schulstr. 1, ☎ 41616 ◔◕
  Teil der Dauerausstellung ist ein Steinkistengrab aus der Zeit um 2200 v. Chr., das bei Ausgrabungen in der Nähe von Esperstedt gefunden wurde. @ ypq777
- **St. Johannes**, Kirchberg 5. Die Kirche ist immer noch gut als romanischer Bau erkennbar, einige Grabsteine des ehemaligen Friedhofs wurden rund um die Kirche aufgestellt.
- **Burg Schraplau**, Kirchberg. Die Burg wurde 845-81 als Ringwall und -grabenanlage auf Initiative König Ludwigs des Deutschen erbaut. Im Jahr 979 wurde sie als befestigte Siedlung unter dem Namen „Scroppenlevaburch" erwähnt, zu dieser Zeit wird die Altenburg, eine weiträumige Burganlage, bereits existiert haben. Um 1200 errichtete das Erzstift Magdeburg die romanische Burg im westlichen Teil der Altenburg. Heute befindet sich die Burg auf Privatgrundstücken, von der ehemaligen Anlage sind daher nur wenige Außenmauern zu sehen.
- **Erlebnisbad**, Herrenstr. 13, ☎ 27270, @ ufl672

Esperstedt

- **St. Petri**, Schulstr. 1, ☎ 03774/27128. Erwähnenswert ist die Renaissance-Holzdecke sowie der romanische Taufstein im Inneren der Kirche (um 1400).

6 Kuckenburg (Obhausen)

- **Dorfkirche**, Hauptstr. 31. Die mittelalterliche Kirche wurde in der ersten Hälfte des 18. Jhs. erneuert, aus dieser Zeit stammt ihr barockes Aussehen.

Querfurt

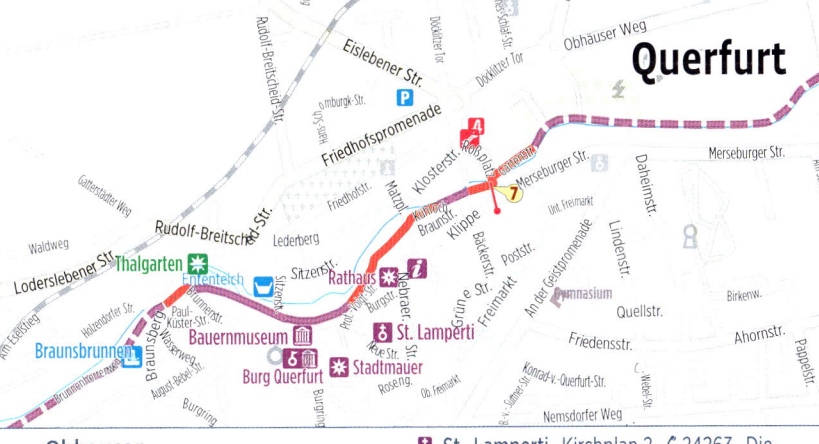

Obhausen

Naturstrandbad Obhausen, zw. Obhausen und Nemsdorf-Göhrendorf, ☏ 034771/24034, @ inu845

7 Querfurt

Vorwahl: 034771

Stadtinformation, Markt 9, ☏ 60140, @ cch327

Bauernmuseum, Burgring, ☏ 40826 ♿ In der ehemaligen Burgschäferei gibt es neben alten landwirtschaftlichen Maschinen, Geräten und Transportmitteln auch eine original eingerichtete Bauernküche zu sehen. @ eaw173

St. Lamperti, Kirchplan 2, ☏ 24263. Die spätgotische Kirche lässt sich auf einen Vorgängerbau aus dem 12. Jh. zurückverfolgen. Besonders erwähnenswert sind der im Barock gehaltene Altar und die zwei romanischen Säulen, die ursprünglich aus dem ehemaligen Kloster Marienzell stammen.

Burg Querfurt, Burgring, ☏ 52190 ♿ Aufzeichnungen zufolge stammt die Burg aus den Jahren 880-899. Sie ist die größte und älteste Burg entlang der Straße der Romantik. Die Burg wird geprägt durch drei mächtige Bergfriede. Die gut erhaltene Befestigungsanlage hielt Belagerungen und Beschießungen im Dreißigjährigen Krieg stand. Im ehemaligen Korn- und Rüsthaus befindet sich das Burgmuseum. @ oqe752

- ✴ **Rathaus**, Markt. Das Rathaus von Querfurt wurde erstmals im 15. Jh. schriftlich erwähnt. @ xbd443

- ✴ **Stadtmauer**. Die innere Stadtmauer mit einem Umfang von 1030 m stellte im 13. Jh. eine ringartige Eingrenzung der Stadt dar und schließt östlich an die Umwehrung der Burg. Die ca. 3.000 m lange äußere Stadtmauer umschloss sämtliche ehemaligen Vorstädte. Sie hatte vier Tore und 20 abwechselnde runde und quadratische Türme. @ pev656

- ✴ **Thalgarten**. In dem Park befindet sich der Braunsbrunnen, das Denkmal des Hl. Bruns. @ rhs271

- 🅱 **Braunsbrunnen**, Brunnenherrenweg ㉔ Der Brunnen erinnert an den Hl. Brun von Querfurt, der 973/74 auf der Burg geboren und 1009 von einem heidnischen

Himmelscheibe von Nebra

Fürsten enthauptet wurde. @ ogp683

✉ **Stadtbad**, Sitzenstr. 21, ✆ 23108, @ pvs464

8 Leimbach

Sehenswert sind in Leimbach, das im Jahr 973 erstmals als Lembeki erwähnt wurde, die gotischen Kirche, das spätbarocke Gutshaus (Dorfstr. 30) welches heute als Kulturhaus genutzt wird und der „Leimbacher Gasthof".

Hermannseck (Querfurt)

9 Biegen Sie an der Kreuzung beim Unterstand links in die **Wendelsteiner Straße** ein.

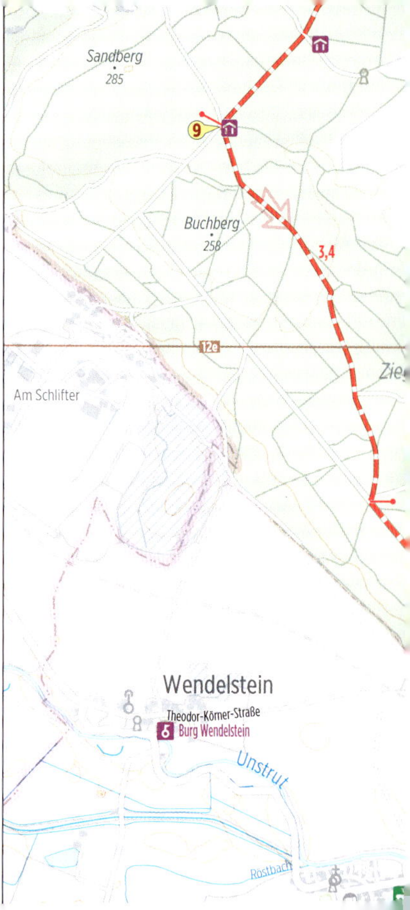

TIPP

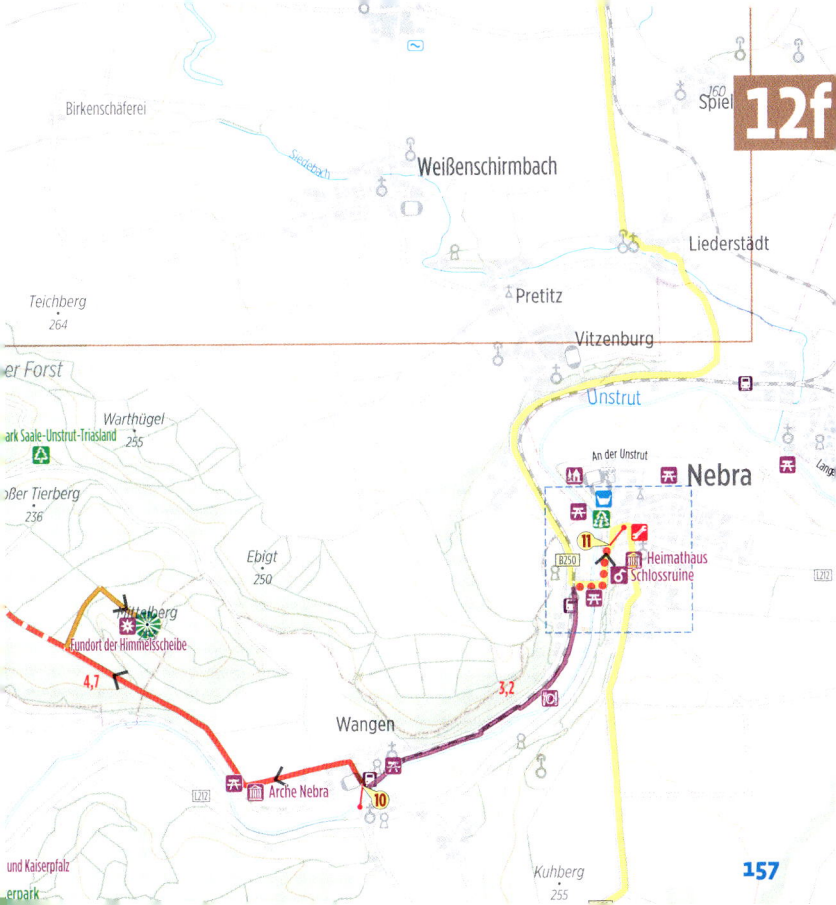

Birkenschäferei

Weißenschirmbach

Spiel

Liederstädt

Pretitz

Teichberg
264

Vitzenburg

Unstrut

er Forst

Warthügel
255

An der Unstrut

Nebra

rk Saale-Unstrut-Triasland

Lang

ßer Tierberg
236

Ebigt
250

Mittelberg

Heimathaus

Fundort der Himmelsscheibe

B250

Schlossruine

4,7

L212

3,2

Wangen

und Kaiserpfalz

erpark

Arche Nebra

L212

10

Kuhberg
255

Wangen, Fundort der Himmelsscheibe von Nebra

10 Wangen

Vorwahl: 034461

🏛 **Arche Nebra**, An der Steinklöbe 16, 📞 25520 ⏰ Im Besucherzentrum dreht sich alles um die Geschichte der 1999 bei Nebra gefundene Himmelsscheibe, die als weltweit älteste Himmelsdarstellung angesehen wird. @ xyn478

✴🌼 **Fundort der Himmelsscheibe von Nebra**, Mittelbergplateau ⏰ Auf dem Mittelberg wurde 1999 die Himmelsscheibe von Nebra gefunden. Der 30 m hohe und um 10° geneigte Aussichtsturm ist der Zeiger einer überdimensionalen Sonnenuhr. Beschriftete Betonbänder im Boden helfen dem Betrachter, die entsprechenden Punkte zu finden und die bronzezeitlichen Himmelsbeobachtungen nachzuvollziehen. @ cyk645

Himmelsscheibe von Nebra

Die Himmelsscheibe von Nebra, eine 3700 bis 4100 Jahre alte, kreisförmige Bronzeplatte, wurde 1999 am Mittelberg im Ziegelrodaer Forst von Raubgräbern gefunden. Die ca. 2 Kilogramm schwere und etwa 32 Zentimeter große Platte zeigt astronomische Phänomene und religiöse Symbole und gilt als einer der bedeutendsten archäologischen Funde aus der frühen Bronzezeit Mitteleuropas. Die Scheibe wur-

de aus einem gegossenen Bronzerohling getrieben und dabei wiederholt erhitzt, um Spannungsrisse zu vermeiden bzw. zu beseitigen, dabei verfärbte sie sich tiefbraun bis schwarz. Die Applikationen wurden aus unlegiertem Goldblech in Einlegearbeit gefertigt. Die von einer Korrosionsschicht aus Malachit verursachte heutige Grünfärbung ist erst durch die lange Lagerung in der Erde entstanden. Aufgrund der Beifunde (Bronzeschwerter, zwei Beile, ein Meißel und Bruchstücke spiralförmiger Armreife) ist zu vermuten, dass die Scheibe etwa um 1600 v. Chr. vergraben wurde.

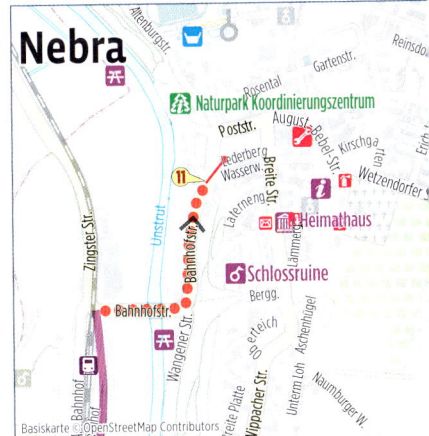

Basiskarte © OpenStreetMap Contributors

11 Nebra

Vorwahl: 034461

🛈 **Stadtverwaltung**, Promenade 13, ✆ 22101, @ lpq455

🏛 **Heimathaus & Hedwig-Courths-Mahler Archiv**, Breite Str. 28, ✆ 22970, ✆ 22016 © Im Museum befinden sich Exponate zur Stadtgeschichte sowie zur Himmelsscheibe von Nebra. @ vkb276

🛡 **Schlossruine Nebra**, Schlossg. Von der spätromanischen Burg sind heute noch eine Kapelle und ein Zwinger zu sehen.

🏞 **Naturpark Koordinierungszentrum**, Unter der Altenburg 1, ✆ 22086. Auf einer Gesamtfläche von etwa 103.737 ha bietet der Geo-Naturpark Saale-Unstrut-Triasland eine imposante Kulturlandschaft mit Terrassenweinbergen, Streuobstwiesen, Wäldern und Flusstälern. @ kgm262

🟦 **Terrassenschwimmbad Nebra**, Altenburgstr., ✆ 22117, @ vru757

Tour 13 Süßer See - Salziger See Rundweg

31,1 km

HM/km: ↗1,5 (46m) ↘1,5 (46m) Radweg: 20 % Unbefestigt: 15 % Verkehr: 4 %

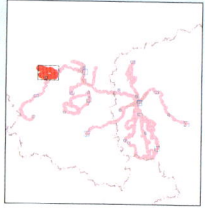

Die Rundtour startet in Röblingen am See und führt über Erdeborn nach Aseleben. Im Uhrzeigersinn umrunden Sie den Süßen See, er ist der größte natürliche See der Region. In Seeburg können Sie das Schloss besichtigen und einen Badestopp einlegen. Durch das Mansfelder Land mit der Weinregion am Süßen See fahren Sie nun am weitestgehend ausgetrockneten Salzigen See entlang: Über Rollsdorf zum Bindersee und weiter entlang des Kernersees nach Wansleben und zurück nach Röblingen am See.

Charakteristik

Start/Ziel: Röblingen am See

Wegbeschaffenheit: Der Rundweg verläuft haupt-sächlich auf asphaltierten Straßen. Zwei kurze Teilstücke zwischen Röblingen und Aseleben sind unbefestigt.

Verkehr: Sie fahren hauptsächlich auf ruhigen Straßen und Radwegen, nur nach Rollsdorf müssen Sie mit erhöhtem Verkehrsaufkommen rechnen.

Beschilderung: Bis Lüttchendorf Radweg Saale-Harz.

Steigungen: Die Strecke verläuft weitgehend eben, es gibt wenige leichte Steigungen.

An- und Abreise: Die RB 75 und der RE 8 und 9 verkehren zwischen Röblingen am See und Halle (Saale).

Anschlusstour(en): 12

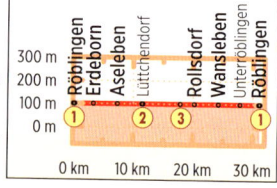

1 Röblingen am See

Vorwahl: 034774

ℹ Gemeindeverwaltung, Pfarrstr. 8, ☎ 4440, @ nnx628

🎫 St. Stephani, Pfarrstr. 4, ☎ 90808. Der eindrucksvolle Bau der Kirche (1200) ist Teil des historischen Dorfkerns. @ vpr558

Die erste schriftliche Erwähnung von Röblingen, unter dem damaligen Namen Seeröblingen in der Grafschaft Siegfrieds, stammt aus dem Jahre 932. Der Ort lässt sich auf die älteste wirtschaftliche Vergangenheit im Mansfelder Land zurückführen. So wurden bereits vor 2.000 Jahren die ersten Salinen von den Hermunduren, einem Volksstamm der Elbgermanen, betrieben. Im Laufe der Jahrhunderte entwickelte sich unter anderem der Kupferschiefer- und der Braunkohlebergbau um Röblingen. Röblingen wurde somit zum Bergmannsdorf.

Erdeborn

Aseleben

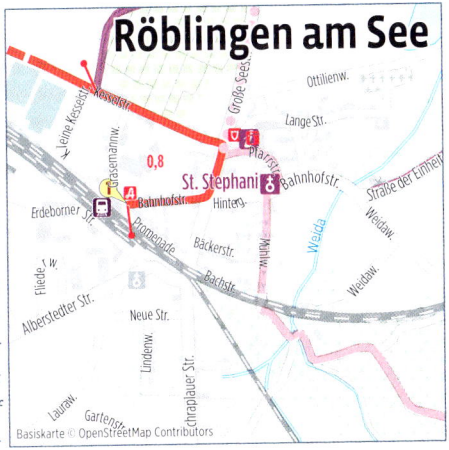

Röblingen am See

Basiskarte © OpenStreetMap Contributors

2 Lüttchendorf

3 Seeburg

Vorwahl: 034774

🎫 St. Nikolaus. Die unter Denkmalschutz stehende „Fleckenkirche" wurde höchstwahrscheinlich im Jahre 1180 als Wehrkirche erbaut. Im Inneren der Kirche sind unter anderem der Altaraufsatz, der Taufstein sowie die 1991 restaurierte Orgel zu bewundern.

🎫 Schloss Seeburg, Schloss Str. 18. Das Schloss, das auf dem Gelände einer

Schloss Seeburg

größeren Volksburg errichtet wurde, zählt zu den größten und ältesten Burgen Mitteldeutschlands. Die alte Volks- und Fluchtburg wurde bereits im Jahr 743 als „Hochseeburg" erwähnt. Die Gründung der steinernen Burg erfolgte im 11. Jh. durch die Edelherren von Querfurt. Im 12./13. Jh. fand der weitere Ausbau der Seeburg durch die Erzbischöfe von Mag-

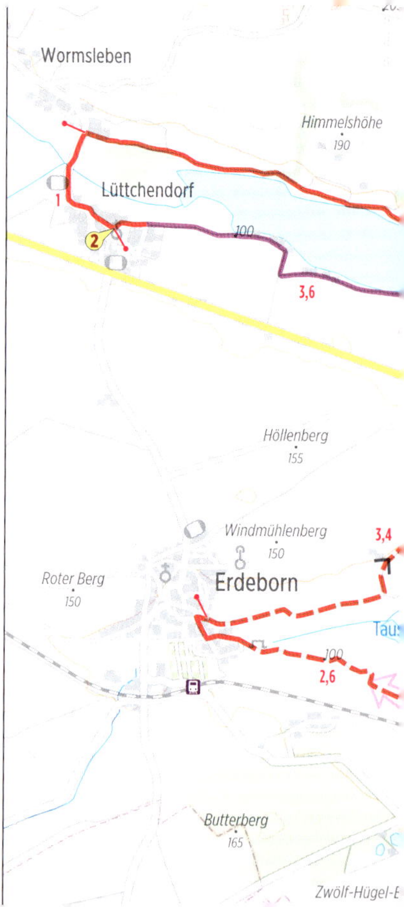

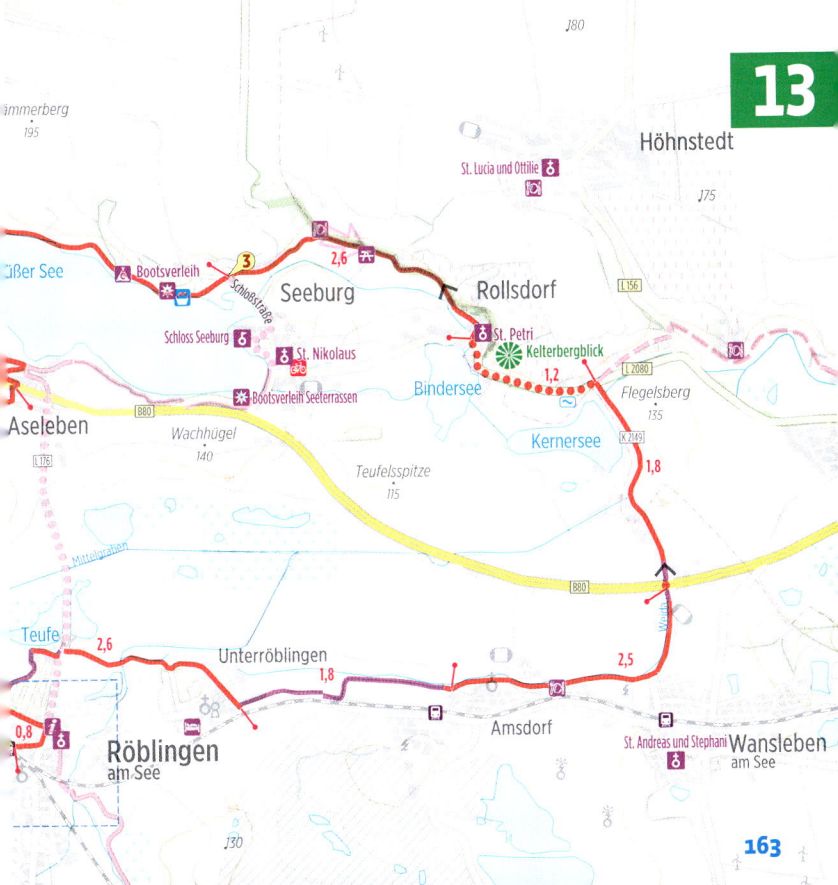

immerberg
195

Höhnstedt

80

St. Lucia und Ottilie

75

Bootsverleih

3

2,6

üßer See

Schloßstraße

Seeburg

Rollsdorf

L 156

St. Petri

Schloss Seeburg

St. Nikolaus

Kelterbergblick

Bootsverleih Seeterrassen

Bindersee

1,2

L 2080

Flegelsberg
135

B80

Aseleben

Wachhügel
140

Kernersee

K 2149

L 176

Teufelsspitze
115

1,8

Mittelgraben

B80

Teufe

2,6

Unterröblingen

1,8

2,5

0,8

Röblingen
am See

Amsdorf

St. Andreas und Stephani

Wansleben
am See

30

deburg und den Grafen von Mansfeld statt. Der Umbau zum Schloss erfolgte im 15./16. Jh. unter dem Grafen von Mansfeld. @ hlb673

- ✳ **Bootsverleih**, Nordstrand 17F, ✆ 0177/8218493 ⊗ Verleih von Tretbooten und SUPs. @ rtn624
- ✳ **Bootsverleih Seeterrassen**, Südufer 1, ✆ 718740, ✆ 0170/2647866. Verleih von Tret-, Ruder- und Elektrobooten sowie SUPs. @ qtg885
- ▣ **Süßer See**, Nordstrand

Rollsdorf (Seeburg)

- ⛪ **St. Petri**, Hallbergstr. 9. Die ursprüngliche Kirche stammt aus dem 12. Jh. und wurde 1903 aufgrund der Baufälligkeit abgerissen. Die heutige Kirche ist der englischen Architektur des 19. Jhs. nachempfunden.
- ❀ **Kelterbergblick** ⊗ Schöner Blick auf die Kelterbergterrassen.

Wansleben am See (Seegebiet Mansfelder Land)

- ⛪ **St. Andreas und Stephani**, Alte Stedtener Str. 14. Die ursprünglich romanische Kirche wurde im 13. Jh. erbaut, 1506 wurde

Süßer See

sie neu errichtet, nur Teile des alten Turmes blieben erhalten. In der folgenden Zeit wurde die Kirche immer wieder umgebaut, wobei 1870-75 Wandfresken aus der Entstehungszeit der Kirche entdeckt wurden, diese wurden freigelegt und restauriert. @ aoa321

Salziger See

Der Salzige See bedeckte einst eine Fläche von rund 850 Hektar und war damit mehr als dreimal so groß wie der heutige Süße See. Erste Wasserflächen auf dem Gebiet des Salzigen Sees entstanden nach der letzten Eiszeit vor etwa 14.000 Jahren. Seine größte Ausdehnung erreichte das Gewässer im Mittelalter und in der frü-

hen Neuzeit. Der See entstand durch die natürliche Auslaugung von Steinsalz im Untergrund. Zwischen 1892 und 1894 verlor der See durch einen Erdfall ein Drittel seiner Fläche. Um eine Gefährdung des Bergbaus durch hereinbrechende Wassermassen auszuschließen wurde der See trockengelegt. Übrig blieben lediglich einige kleine mit Wasser gefüllte Restlöcher wie der Bindersee, der Kernersee und kleinere Wasserflächen im Raum Röblingen. Einige Orte am ehemaligen Seeufer tragen noch heute den Namenszusatz „am See" - wie z.B. Röblingen und Wansleben. Seit Stilllegung des Bergbaues und Einstellung der Wasserhaltung in den 1970er Jahren stieg das Grundwasser wieder allmählich an und so bedecken heute die Restflächen und neu entstandenen Gewässer etwa 15 Prozent der einstigen Seefläche. In den letzten Jahrzehnten wurden die Wasser- und Schilfflächen zum Refugium für zahlreiche seltene Tier- und Pflanzenarten und das Areal des einstigen Salzigen Sees ist heute ein Naturschutzgebiet.

Auch der Süße See bildete sich in einer durch Auswaschung des salzhaltigen Untergrundes entstanden Senke und ist trotz seines Namens im eigentlichen Sinne ein salziger See.

Amsdorf

1 Röblingen am See   s. S.161

Tour 14   Reide-Radweg

HM/km: ↗ 1,6 (33m) ↘ 1,7 (34m)   **Radweg: 42 %**   **Unbefestigt: 36 %**   **Verkehr: 4 %**

Sie starten am S-Bahnhof Silberhöhe und fahren am Elsterradweg nach Osendorf, wo die Reide in die Weiße Elster mündet. Für ein Stück radeln Sie auf einer alten Kohlebahntrasse, dann geht es zum Großen Mühlteich und durch den Dieskauer Park. Weiter nach Kanena, wo Sie das dortige Planetarium besichtigen können. Idyllisch am Ufer der Reide entlang nach Büschdorf, wo Sie eine Badepause am Hufeisensee einlegen können, und über Reideburg weiter zum Ziel der Tour, Peißen

Charakteristik

Start: Halle (Saale), Silberhöhe

Ziel: Peißen

Wegbeschaffenheit: Die Route verläuft auf Straßen, befestigten Radwegen und unbefestigten Feldwegen.

Verkehr: Sie fahren meist auf verkehrsarmen Straßen, mit etwas mehr Verkehr ist nur zwischen Reideburg und Stichelsdorf zu rechnen.

Beschilderung: Elsterradweg, Reide-Radweg

Steigungen: Die Tour ist weitgehend steigungsfrei, nur vor Dieskau geht es leicht bergauf.

An- und Abreise: Die S 9 verkehrt zwischen Pleißen und Halle (Saale), zur Silberhöhe kommen Sie mit der S 7.

Anschlusstour(en): 10, 12

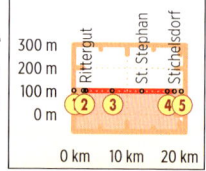

1 Silberhöhe (Halle (Saale))

2 Beesen (Halle (Saale))

Rittergut, Gutsstr. 4. Das Gut entstand im Mittelalter, im Jahr 1557 wurde ein Turm - und im späten 16. Jh. ein Speichergebäude dazugebaut. Im Jahr 1593 erwarb die Stadt das Ensemble und so wurde aus dem Rittergut das Stadtgut Beesen. Heute befindet sich eine Waldorfschule im Gut.

Maya Mare, Am Wasserwerk 1, ☎ 0345/77420, @ vgh878

Ammendorf (Halle (Saale))

Dieskau, Schloss

Radewell/Osendorf (Halle (Saale))

ANSCHLUSS **3** Hier können Sie mit Tour 10 Richtung Leipzig fortsetzen.

Dieskau (Kabelsketal)

Vorwahl: 0345

- 🖻 **Schloss Dieskau**, Schloßpl. 1, ☏ 6830683, ☏ 5829490 ⓒ Der Ost- und Nordflügel des Schlosses wurden in der zweiten Hälfte des 15. Jhs. als spätgotischer Fachwerkständerbau erbaut, der Südflügel wurde bis 1624 errichtet und im Verlauf des 17. Jhs. entstand schließlich der Westflügel. 1878-1900 wurde das Schloss im Stil der Neorenaissance durchgreifend umgestaltet. @ lfe117

- 🅰 **Dieskauer Park**. Der 67,5 ha große Park beheimatet eine Vielzahl an seltenen und bedrohten Arten, u. a. Seggen, Eibisch, Erdbeer-Klee, Eisvogel oder Rohrdommel. Vorübergehend bietet er auch vielen Zugvögeln ein Quartier. Darum steht das gesamte Parkgelände unter Landschaftsschutz. @ eph875

Dölbau

14a

Hufeisensee

2,8

Reide

Kanena

Planetarium
St. Stephan

Kleinkugel

Bruckdorf

2

Kabelske

14b

Zwintschöna

Saures Loch
105

Blaues Auge

Hohe,
115

Schloss Dieskau

Dieskauer Park

Großer Mühlteich

4

Dieskau

Radewell-Osendorf

2

0,4

1,8

1,2

③

Radd

Hufeisensee

Bruckdorf (Halle (Saale))

Kanena (Halle (Saale))

🛡 St. Stephan, Zum Planetarium. Die barocke Feldsteinkirche stammt aus dem Jahr 1793, eine noch erhaltene Glocke wurde 1843 gegossen.

✳ Planetarium, Schkeuditzer Str. 4b ⓒ Das erste Schulplanetarium der damaligen DDR wurde 1963 eröffnet. Herzstück des Kleinplanetariums ist ein alter Zeiss Kleinprojektor aus dem Jahr 1962, bei dem der Vortragende alle Funktionen mit der Hand steuern muss. @ jbl655

🏊 Hufeisensee, Wallendorfer Str. Der Hufeisensee ist eines der größten Tagebaurestlöcher im Stadtgebiet von Halle. Er ist ein beliebtes Naherholungsgebiet und Angelgewässer.

Büschdorf (Halle (Saale))

4 Reideburg (Halle (Saale))

Stichelsdorf (Landsberg)

5 Peißen (Landsberg)

14b

Rabatz

Zöberitz

Frohe Zukunft

Peißen

1,4

5

Stichelsdorf

B100

Dautzsch

Zwebendorfer Graben

1,4

A14

4

Reideburg

Diemitz

1,6

Halloren Schokoladenmuseum

Büschdorf

14b

Dölbau

Hufeisensee

2,8

Naundorf

B6

Reide

Kanena

Planetarium

St. Stephan

Kleinkugel

Kabelske

Bruckdorf

2

171

Tour 15 Auf dem Goetheradweg zum Geiseltalsee

34,5 km

HM/km: ↗ 5,0 (171m) ↘ 3,9 (134m) **Radweg:** 81 % **Unbefestigt:** 6 % **Verkehr:** 1 %

Die Route startet am S-Bahnhof Silberhöhe und führt zuerst über Delitz am Berge nach Bad Lauchstädt, das eine bedeutungsvolle Wirkungsstätte Goethes war. Anschließend geht es entlang des Westufers vom Geiseltalsee, hier können Sie in Stöbnitz einen Badestopp einlegen. Danach erreichen Sie Mücheln, das Ziel dieser Tour, hier sollten sie unbedingt das Wasserschloss St. Ulrich mit seinem Barockgarten besichtigen.

Goetheradweg

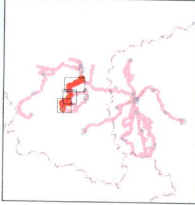

phaltiert aber gut befahrbar.

Verkehr: Sie fahren überwiegend auf Radwegen und ab und zu auf ruhigen Straßen. Mit erhöhtem Verkehrsaufkommen ist nur in Mücheln zu rechnen.

Beschilderung: Goetheradweg

Steigungen: Die Strecke verläuft weitgehend steigungsfrei, nur von Klobikau bis vor Stöbnitz geht es zuerst sanft bergauf und dann bergab.

An- und Abreise: Die Regionalbahn fährt von Mücheln über Merseburg (RB 25) nach Halle (Saale), zur Silberhöhe kommen Sie mit der S 7.

Anschlusstour(en): 14, 16, 17

Charakteristik

Start: Halle (Saale), Silberhöhe

Ziel: Mücheln

Wegbeschaffenheit: Die Route verläuft großteils auf Radwegen und zeitweise auf Straßen. Die Radwege sind teils unas-

Halle (Saale), Weiße Elster

1 Silberhöhe (Halle (Saale))

Beesen (Halle (Saale))

⚲ **Rittergut**, Gutsstr. 4. Das Gut entstand im Mittelalter, im Jahr 1557 wurde ein Turm - und im späten 16. Jh. ein Speichergebäude dazugebaut. Im Jahr 1593 erwarb die Stadt das Ensemble und so wurde aus dem Rit-

tergut das Stadtgut Beesen. Heute befindet sich eine Waldorfschule im Gut.

☺ **Maya Mare**, Am Wasserwerk 1,
☎ 0345/77420,
@ vgh878

Röpzig (Schkopau)

Hohenweiden (Schkopau)

2 Delitz am Berge

⚲ **Dorfkirche**, Lauchstädter Str. 57. Die Kirche wurde um 1250 im roma-

(Elevation profile: Silberhöhe, Hohenweiden, Delitz, Bad Lauchstädt, Krakau, Stöbnitz, Mücheln; 300 m, 200 m, 100 m, 0 m; 0 km, 10 km, 20 km, 30 km; points ① ② ③ ④ ⑤ ⑥)

nisch-gotischen Stil erbaut. Im Jahr 1951 brannte sie bis auf die Grundmauern nieder und wurde wieder neu aufgebaut. Da das gesamte Inventar vernichtet worden war, ist das Gotteshaus heute mit Leihgaben aus der St. Jakobi Kirche in Sangerhausen ausgestattet.

3 Bad Lauchstädt

Vorwahl: 034635

Besucherzentrum, Parkstr. 18, im Quellpavillon im Kurpark, ☏ 78214, ☏ 78216, @ rxt141

Schloss, Querfurter Str. 10/12. Bereits im 11. Jh. wurde eine Königspfalz Kaisers Heinrich II. in Bad Lauchstädt erwähnt. Im 14. Jh. wird eine Wasserburg im Besitz der Bischöfe von Merseburg erwähnt, diese ließen die Wasserburg 1528-36 zu einem Schloss im Renaissance-Stil umbauen. Nachdem es während des Dreißigjährigen Krieges stark beschädigt worden war, ließ Herzog Philipp von Sachsen-Merseburg das Schloss 1684 als seinen Wohnsitz wieder aufbauen. Im frühen 18. Jh. diente es als bevorzugte

Beuchlitz

Böllberg-Wörmlitz

Silberhöhe

1,5

15a

Ammend

Holleben

1,8

1

Beesen

Röpzig

Weiße Elster

Benkendorf

Rittergut

Maya Mare

Rockendorf

Saale

Hohenweiden

LSG Saaletal

L171

3,2

0,6 Delitz
am Berge

Planena

Rattmannsdorf

Rattmannsdorfer Teich

Korbetha

hen. Bahntrasse

A38

Dörstewitz

Dorfk

uchstädt

B91

175

Laucha

Kirschberg

Sommerresidenz der merseburgischen Herzöge. Heute befinden sich Wohnungen und eine Schule im Schloss. Das ehemalige Wirtschaftsgebäude der Anlage dient als Stützpunkt der Feuerwehr.

Bockwindmühle, Windmühlstr. Die Mühle wurde im Jahre 1850 erbaut und bis 1974 betrieben. Beeindruckend ist das große Kammrad der Mühle mit vier Metern Durchmesser.

Goethe-Theater, Lindenstr., ✆ 7820. Das 1802 eröffnete Theater ist der einzige klassizistische Theaterbau in Mitteleuropa. Neben dem Hofbaumeister Johann Friedrich Rudolf Steiner und dem Berliner Architekten Heinrich Gentz beeinflusste vor allem Goethe die Baumaßnahmen durch exakte Vorgaben für die Innenausstattung im Sinne seiner Farbenlehre. Heute finden zwischen Mai und Oktober

Bad Lauchstädt, Rathaus

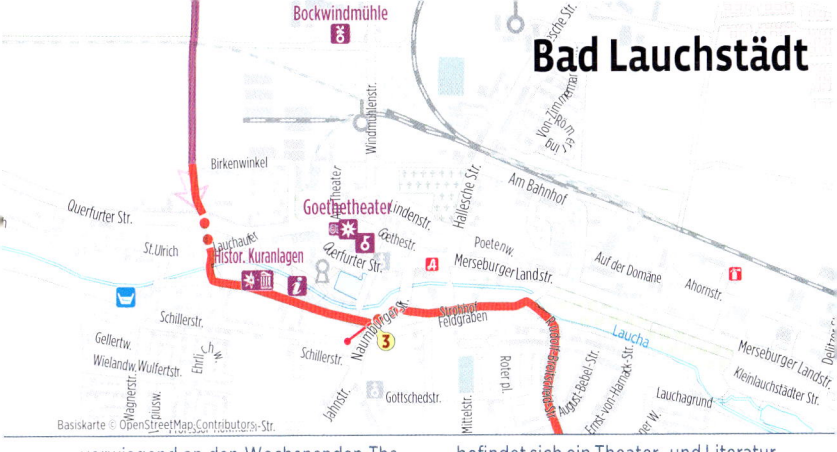

vorwiegend an den Wochenenden Theatergastspiele statt. @ qwr333

✳🏛 **Historische Kuranlagen**, Parkstr. 18 ⓔ Herzogin Erdmuth Dorothea zu Sachsen-Merseburg ließ 1710 ein Bad erbauen, 1735 folgte ein Spielsalon. 1784 wurden schließlich die Historischen Kuranlagen vom Dresdner Architekt Johann Wilhelm Chryselius neu entworfen, damals wurde Lauchstädt zum Luxus- und Modebad. Im Douche-Pavillon ist heute ein Museum zur Geschichte des Mineralischen Bades und im Neuen Schillerhaus befindet sich ein Theater- und Literaturmuseum.

🌊 **Freizeit- und Erlebnisbad Bad**, Schillerstr. 46, ✆ 29966, @ org381

Um 890 wurde Lauchstädt als zehntpflichtiger Ort Lochstat im Friesenfeld erstmals urkundlich erwähnt. 1370 gelangte die Siedlung an die Bischöfe von Merseburg, die dem Ort 1430 das Stadtrecht verliehen und im 16. Jh. eine schon vorhandene Burg zu einem Renaissance-Schloss ausbauten. Seine eigentliche Bedeutung hat der Ort durch die zufällige Entdeckung der Heilquelle um

1700 erlangt, so entstand das bis heute erhältliche Lauchstädter Heilbrunnen-Wasser.

Johann Wolfgang von Goethe

Johann Wolfgang Goethe war ein deutscher Dichter und Naturforscher. Er wurde 1749 in Frankfurt am Main als Sohn einer angesehenen bürgerlichen Familie geboren und erfuhr eine umfangreiche Ausbildung durch mehrere Hauslehrer. Auf Wunsch seines Vaters studierte Goethe in Leipzig und Straßburg Rechtswissenschaft und arbeitete danach als Advokat in Wetzlar und Frankfurt. Gleichzeitig verfolgte er seine Neigung zur Dichtkunst. Den ersten nationalen Erfolg erzielte er 1773 mit dem Drama „Götz von Berlichingen", 1774 folgte der Roman „Die Leiden des jungen Werther", der ihm sogar europäischen Erfolg bescherte. 1775 wurde Goethe an den Hof von Weimar eingeladen, wo er politische und administrative Ämter bekleidete und bis 1817 das Hoftheater leitete. 1782 erhielt er auf Antrag des Herzogs vom Kaiser das Adelsdiplom. Die amtliche Tätigkeit mit der Vernachlässigung seiner literarischen Fähigkeiten löste bei Goethe eine Krise aus und so reiste er 1786-88 nach Italien. Der Reichtum an kulturellem Erbe in Italien inspirierte Goethe und er schrieb u. a. Iphigenie auf Tauris (1787) und Torquato Tasso (1790). Nach seiner Rückkehr wurden Goethes Amtspflichten auf repräsentative Aufgaben beschränkt und 1808 verfasste er das Drama Faust, das den Ruf als die bedeutendste Schöpfung der deutschsprachigen Literatur errang. 1832 starb Johann Wolfgang von Goethe in Weimar. Sein literarisches Werk umfasst Lyrik, Dramen, Epik, autobiografische, kunst- und literaturtheoretische sowie naturwissenschaftliche Schriften („Zur Farbenlehre" aus dem Jahr 1810), er war Vorbereiter und wichtigster Vertreter des Sturm und Drang. Mit Schiller, Herder und Wieland verkörperte er die Weimarer Klassik.

Milzau

🛡 **Schloss Milzau**, Kriegstedter Str. 29, OT Unterkriegstädt. Das 1695-96 erbaute Schloss Milzau war ein ehemaliger Herr-

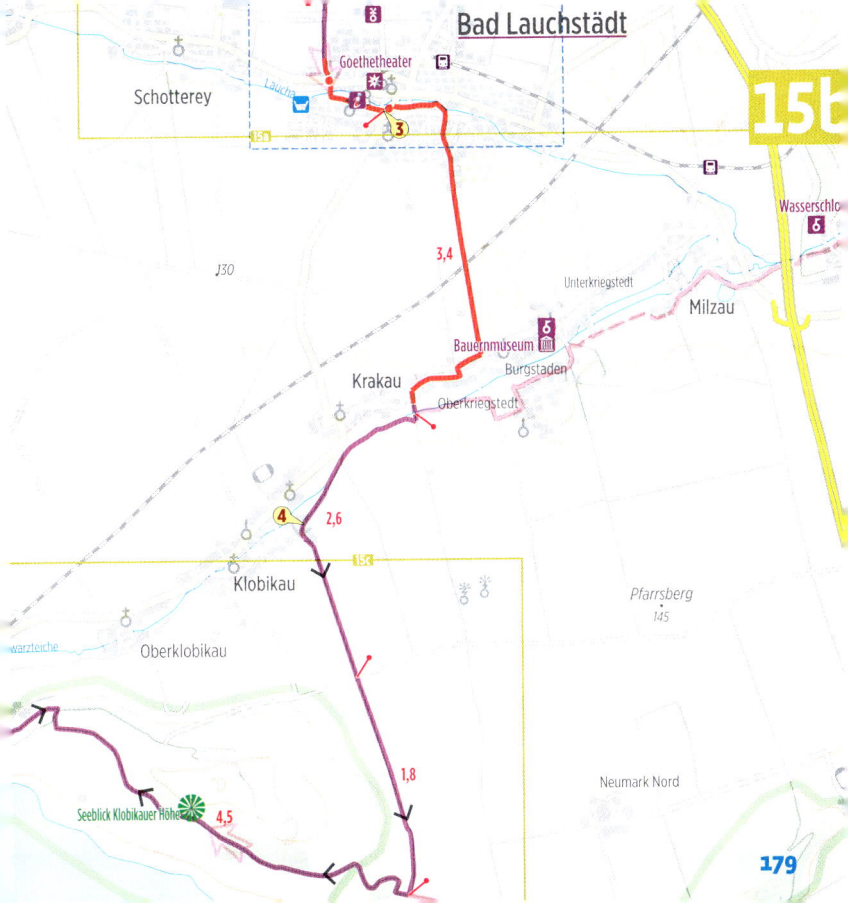

Bad Lauchstädt

15b

Goethetheater

Schotterey

Lauche

3

3,4

Unterkriegstedt

Wasserschlo

Milzau

J30

Bauernmuseum

Burgstaden

Krakau

Oberkriegstedt

4

2,6

15c

Pfarrsberg
145

Klobikau

Oberklobikau

warzteiche

Neumark Nord

1,8

Seeblick Klobikauer Höhe   4,5

Geiseltalsee

scharsitz und Gutshaus. Heute befindet sich eine Kindertagesstätte im Schloss.

4 Klobikau

☀ **Aussichtsturm Seeblick Klobikauer Höhe.** Der 2002 errichtete Aussichtsturm ist 14,5 m hoch. In der Nähe des Aussichtsturmes ist eine Bunkeranlage der ehemaligen Sowjetarmee.

5 Stöbnitz (Mücheln (Geiseltal))

☀ **Aussichtsturm Pauline.** Der 15 m hohe Aussichtsturm Pauline wurde 2003 errichtet und bietet einen Blick von der Marina Mücheln über die Halbinsel bis hin zum Weinberg Goldener Steiger.

🚩 **Strandbad Stöbnitz**, Seepromenade, @ wvc684

6 Mücheln (Geiseltal)

Vorwahl: 034632

🛈 **Stadtinformation**, Markt 20, ☏ 40111, @ uxg643

⛪ **St. Jakobi**, Pfarrg. ⓧ Die Krypta stammt aus dem 13. Jh. Das Kirchenschiff wurde

Niederwünsch

Oberwünsch

Schwarzteiche

Klobikau

Oberklobikau

15c

1,8

Seeblick Klobikauer Höhe
4,5

2,5

15b

5

0,8

Stöbnitz

NSG Bergbaufolgelandschaft Geiseltal

Aussichtsturm Pauline

Schmirma

Spielhügel
160

2,6

Bootsverleih

Barockgarten

Wasserschloss

0,5

6

Neubiendorf

MS Geiseltalsee

Bootsverleih Kukel

Geiselquelle

Mücheln
(Geiseltal)

Krumpa

181

St.Micheln

nach den Zerstörungen im Dreißigjährigen Krieg und einem Brand im Jahre 1718 als Saalkirche mit einem barocken Kanzelaltar erbaut. @ lwt331

6 **Wasserschloss St. Ulrich**, Schloßstr., ☏ 02388/1988, ☏ 0152/53001191 © Das Schloss wurde im 15. Jh. anstelle einer Wasserburg aus dem 12. Jh. errichtet. Bei dem Anwesen handelt es sich um einen Pfahlbau auf Eichenholzstelzen. Der Graben um das Schloss muss auch heute noch gefüllt bleiben, damit die Pfähle nicht austrocknen. Das Schloss weist Bauelemente aus der Hochgotik und Renaissance um einen im Kern noch mittelalterlichen Turm auf. @ sit245

✻ **Geiselquelle**, An der Quelle ⊛ Die Geiselquelle ist eine Überfallquelle, d.h. sie entsteht aus dem Überlaufwasser eines unterirdischen Grundwasserbeckens. Sie war einmal eine der größten Quellen Mitteldeutschlands.

△ **Barockgarten**, Schloßstr. ⊛ Der Barockgarten St. Ulrich wurde unter den Herren von Breitenbauch um 1720 gegenüber dem Rittergut angelegt. Es ist ein streng symmetrischer Terrassengarten mit den typischen Elementen eines Barockgartens. Benachbart zum Terrassengarten befindet sich ein Landschaftspark in englischem Stil, ebenfalls um 1720 angelegt. @ eyt878

△ **NSG Bergbaufolgelandschaft Geiseltal** ⊛ Das als Bergbaufolgelandschaft entstandene Gebiet ist rund 1156 ha groß. Hier leben u.a. Rotmilane, Wachteln, Neuntöter, Brachpiepern und Grauammern, außerdem hat sich eine Kormorankolonie angesiedelt.

▱ **Geiseltalsee**, Seepromenade. Der Tagebaurestsee ist mit 18,4 km² der größte künstliche Binnensee Deutschlands. Nachdem insgesamt 1,4 Milliarden Tonnen Braunkohle abgebaut wurden, wurde der Tagebaubetrieb 1993 eingestellt. Seit 1991 war das Ziel, unter dem Namen Geiseltaler Seenkomplex ein überregionales Erholungs- und Freizeitgebiet als Bergbaufolgelandschaft zu schaffen. 2003-2011 wurde das durch

Mücheln, Wasserschloss St. Ulrich

den Abbau entstandene, knapp 80 m tiefe Tagebaurestloch von rund 2.600 ha Fläche mit Saalewasser geflutet. @ rtf115

✳ **Bootsverleih Geiseltal**, Hafenpl., ☏ 0174/5482475. Grillboote, Boote mit Wohlfühl-Lounge und Motorboote. @ mfl135

Stadtplan Mücheln siehe Tour 16

Tour 16   Geiseltalsee-Rundweg   26,3 km

HM/km: ↗ 5,4 (141m) ↘ 5,4 (141m)   **Radweg:** 99 %   **Unbefestigt:** 3 %   **Verkehr:** 0 %

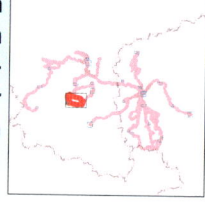

Die Rundtour startet in Mücheln und führt im Uhrzeigersinn um den Geiseltalsee. Auf der landschaftlich reizvollen Rundtour um das größte Gewässer im Mitteldeutschen Seenland passieren Sie unterwegs drei 14 m hohe Aussichtstürme, von denen man einen einzigartigen Rundblick auf den See und die angrenzenden Ortschaften hat.

Bei dieser familienfreundlichen Tour bieten sich immer wieder Badestopps im erfrischenden Geiseltalsee an.

Charakteristik

Start/Ziel: Mücheln

Wegbeschaffenheit: Die Route verläuft durchwegs auf gut ausgebauten, asphaltierten Radwegen.

Verkehr: Bei der Rundtour fahren Sie fast ausschließlich auf Radwegen und nur für ein kurzes Stück in Mücheln im Verkehr.

Beschilderung: Geiseltalsee-Rundweg, grünes Fahrrad auf weißem Hintergrund.

Steigungen: Die Strecke verläuft weitgehend steigungsfrei. Nur am Nordufer des Sees geht es zuerst stetig bergauf und dann kurz bergab.

An- und Abreise: Die Regionalbahn fährt von Halle (Saale) über Merseburg (RB 25) nach Mücheln.

Anschlusstour(en): 15, 17

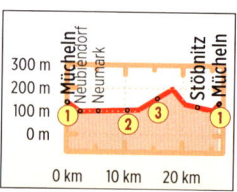

1 Mücheln (Geiseltal)

Vorwahl: 034632

- 🛈 **Stadtinformation,** Markt 20, 📞 40111, @ uxg643

- 🛈 **St. Jakobi,** Pfarrg. ⑳ Die Krypta stammt aus dem 13. Jh. Das Kirchenschiff wurde nach den Zerstörungen im Dreißigjährigen Krieg und einem Brand im Jahre 1718 als Saalkirche mit einem barocken Kanzelaltar erbaut. @ lwt331

- 🛈 **Wasserschloss St. Ulrich,** Schloßstr., 📞 02388/1988, 📞 0152/53001191 ⓒ Das Schloss wurde im 15. Jh. anstelle einer Wasserburg aus dem 12. Jh. errichtet. Bei dem Anwesen handelt es sich um einen Pfahlbau auf Eichenholzstelzen. Der Graben um das Schloss muss auch heute noch gefüllt bleiben, damit die Pfähle nicht austrocknen. Das Schloss weist Bauelemente aus der Hochgotik und Renaissance um einen im Kern noch mittelalterlichen Turm auf. @ sit245

Basiskarte © OpenStreetMap Contributors

- ✳ **Geiselquelle,** An der Quelle ⑳ Die Geiselquelle ist eine Überfallquelle, d.h. sie entsteht aus dem Überlaufwasser eines unterirdischen Grundwasserbeckens. Sie war einmal eine der größten Quellen Mitteldeutschlands.

- 🅰 **Barockgarten,** Schloßstr. ⑳ Der Barockgarten St. Ulrich wurde unter den Herren von Breitenbauch um 1720 gegenüber dem Rittergut angelegt. Es ist ein streng symmetrischer Terrassengarten mit den typischen Elementen eines Barockgartens. Benachbart zum Terrassengarten befindet sich ein Landschaftspark in englischem Stil, ebenfalls um 1720 angelegt. @ eyt878

🅰 **NSG Bergbaufolgelandschaft Geiseltal** ㉔ Das als Bergbaufolgelandschaft entstandene Gebiet ist rund 1156 ha groß. Hier leben u.a. Rotmilane, Wachteln, Neuntöter, Brachpiepern und Grauammern, außerdem hat sich eine Kormorankolonie angesiedelt.

🔵 **Geiseltalsee**, Seepromenade. Der Tagebaurestsee ist mit 18,4 km² der größte künstliche Binnensee Deutschlands. Nachdem insgesamt 1,4 Milliarden Tonnen Braunkohle abgebaut wurden, wur-

Mücheln, Rathaus und Marktplatz

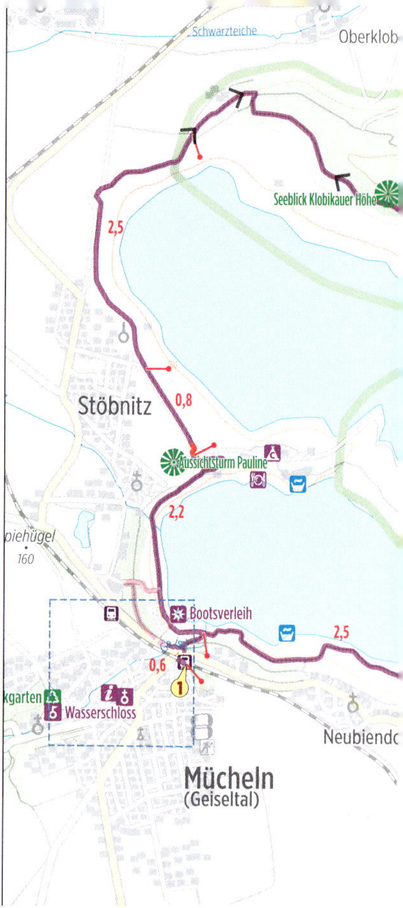

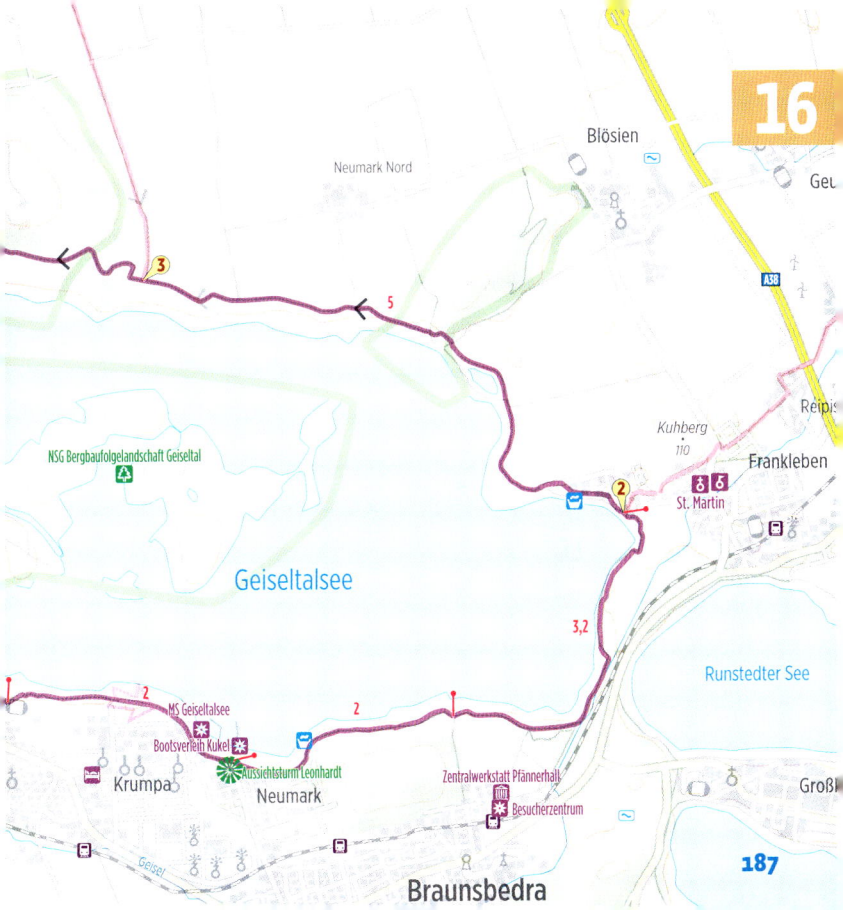

Blösien

Ge

A38

Reipis

Neumark Nord

5

3

Kuhberg
110

Frankleben

St. Martin

NSG Bergbaufolgelandschaft Geiseltal

Geiseltalsee

2

3,2

Runstedter See

2

MS Geiseltalsee

Bootsverleih Kukel

2

Aussichtsturm Leonhardt

Neumark

Zentralwerkstatt Pfännerhall

Besucherzentrum

Groß

Krumpa

Geisel

Braunsbedra

de der Tagebaubetrieb 1993 eingestellt. Seit 1991 war das Ziel, unter dem Namen Geiseltaler Seenkomplex ein überregionales Erholungs- und Freizeitgebiet als Bergbaufolgelandschaft zu schaffen. 2003-2011 wurde das durch den Abbau entstandene, knapp 80 m tiefe Tagebaurestloch von rund 2.600 ha Fläche mit Saalewasser geflutet. @ rtf115

❇ **Bootsverleih Geiseltal**, Hafenpl., ☎ 0174/5482475. Grillboote, Boote mit Wohlfühl-Lounge und Motorboote. @ mfl135

Neubiendorf (Mücheln (Geiseltal))

Krumpa

Neumark (Braunsbedra)

❇ **Bootsverleih Kukel**, Marina, ☎ 0176/81768009. Führerscheinfreie Motorboote, Tretboote und Segelboote. @ pgq326

❇ MS Geiseltalsee, Marina, ☎ 03461/2433810 ⛴ Zwei verschiedene Rundfahrten durch das Naturschutzgebiet Geiseltalsee und vorbei an kleinen Häfen und malerischen Buchten. @ whb256

Braunsbedra

Vorwahl: 034633

🛈 **Besucherzentrum Braunsbedra und Geiseltalexpress**, Grubenweg 4, ☎ 900748 ⛴ Museum zur Geschichte des Geiseltals, Kleinwegebahn. @ yxl128

🏛 **Zentralwerkstatt Pfännerhall**, Grubenweg 4, ☎ 90825 ⛴ Dauerausstellung, die umfangreiche Informationen zur geschichtlichen Entwicklung im Geiseltal bietet. Besonders beeindruckend ist die riesige Nachbildung eines eurasischen Altelefanten, der auf einer Drehscheibe mit einem Durchmesser von etwa 6 m auf die Besucher herunterblickt. Weiters gibt es eine Ausstellung zum Bergbau im Geiseltal. @ mrp248

✳ **Aussichtsturm Leonhardt**. Der 1996 errichtete 14,5 m hohe Aussichtsturm bildet ein künstliches Tor über einer Seitentrasse des asphaltierten Rundwegs.

🔖 **Geiseltalsee**, Uferweg

ANSCHLUSS **2** Wenn Sie von hier mit der Tour 17 fortsetzen sind es etwa 10 km nach Merseburg, der Dom- und Hochschulstadt an der Saale.

Geiseltalsee

2 Frankleben

🛐 **St. Martin**, Müchelner Str. 31, ✆ 034633/22190. Die Dorfkirche wurde 1647 aus Bruchsteinen erbaut und 1733-35 nach Entwürfen von Johann Michael Hoppenhaupt im Stil des Barock ausgebaut.

🛐 **Schloss Frankleben**, Unterhof 1, ✆ 0152/53788480. Das Schloss wurde 1597-1603 im Renaissance-Stil von Dietrich von Bose errichtet. Bis 1945 war es Stammsitz der Familie von Bose. Im 18. sowie im 19./20. Jh. kam es zu erheblichen Umbauten, vor allem in den Innenräumen. Heute gehört das Schloss einer gemeinnützigen Stiftung, die der Wiederherstellung, Erhaltung und öffentlichen Nutzung des Anwesens dient. @ lyk325

🔹 Geiseltalsee

ANSCHLUSS **3** Hier können Sie mit Tour 15 nach Bad Lauchstädt und Halle oder Tour 17 nach Merseburg fortsetzen.

Stöbnitz (Mücheln (Geiseltal))

✳️ **Aussichtsturm Pauline**. Der 15 m hohe Aussichtsturm Pauline wurde 2003 errichtet und bietet einen Blick von der Marina Mücheln über die Halbinsel bis hin zum Weinberg Goldener Steiger.

🔹 **Strandbad Stöbnitz**, Seepromenade, @ wvc684

Klobikau

✳️ **Aussichtsturm Seeblick Klobikauer Höhe**. Der 2002 errichtete Aussichtsturm ist 14,5 m hoch. In der Nähe des Aussichtsturmes ist eine Bunkeranlage der ehemaligen Sowjetarmee.

1 Mücheln (Geiseltal) s. S.185

HM/km: ⬈ 2,2 ^(77m)   ⬊ 2,2 ^(77m)   **Radweg: 55 %   Unbefestigt: 23 %   Verkehr: 1 %**

Die Rundtour beginnt in Merseburg und führt über die Salzstraße-Radroute nach Frankleben am Geiseltalsee. Am Nordufer des Sees entlang geht es nach Klobikau. Nun folgen Sie dem Lauchagrund-Schwarzeiche Radweg bis Schkopau, dabei bietet sich entlang der Laucha eine abwechslungsreiche Landschaft. In Milzau, wo die Schwarzeiche in die Laucha mündet, sind das Schloss und das Bauernmuseum sehenswert. Weiter fahren Sie durch Bündorf, Knapendorf und das Wassertal bei Freiimfelde nach Schkopau mit seinem beeindruckenden Schloss. Auf dem Saale-Radweg geht es schließlich zurück nach Merseburg.

Charakteristik

Start/Ziel: Merseburg

Wegbeschaffenheit: Die Route verläuft überwiegend auf asphaltierten Straßen und Radwegen, streckenweise fahren Sie auf Feldwegen.

Verkehr: Sie fahren auf Radwegen und ruhigen Straßen, nur in Merseburg müssen Sie mit erhöhtem Verkehrsaufkommen rechnen.

Beschilderung: Grünes Fahrrad auf weißem Hintergrund. Salzstraße-Radroute, Lauchagrund-Schwarzeiche Radweg und Saale-Radweg.

Steigungen: Die Tour ist weitgehend eben bis auf die Etappe zwischen Frankleben und Klobikau, hier geht es leicht bergauf und in Klobikau bergab.

An- und Abreise: Die Regionalbahn RB 25 verkehrt zwischen Merseburg und Halle (Saale).

Anschlusstour(en): 15, 16

1 Merseburg

Vorwahl: 03461

Tourist-Information, Burgstr. 5, ☎ 214170, @ mao724

Fahrgastschifffahrt, Am Neumarkttor 4, ☎ 0172/3453322. Die Schiffsanlegestelle befindet sich unterhalb des Schlosses. @ oqc614

Kulturhistorisches Museum Schloss Merseburg, Dompl. 9, ☎ 401318 ♿ Das Museum bietet neben Exponaten aus der Ur- und Frühgeschichte u. a. Darstellungen zur mittelalterlichen Pfalz- und Bistumsgeschichte, zur Kunst und Kultur im Herzogtum Sachsen-Merseburg und zur Stadtgeschichte der Neuzeit. @ ewe817

ben zi bena, Dompl. 6, ☎ 824946 ♿ Die Kunststiftung zeigt in wechselnden Ausstellungen ein Nebeneinander oder Gegeneinander künstlerischer Sichtweisen der früheren DDR und BRD. @ qen464

Deutsches Chemie-Museum Merseburg, Rudolf-Bahro Str. 11, ☎ 4416195 ♿ Im Technikpark wird die Entwicklung der chemischen Industrie in der mitteldeutschen Chemieregion dokumentiert. @ qpw146

Kunsthaus Tiefer Keller, Tiefer Keller 3, ☎ 289040 ♿ Neben der Domgalerie, die Kunst zum Sehen, Erleben und Kaufen bietet, befindet sich hier der Eingang zu den hist. Gewölbekellern. @ gwj644

Dom zu Merseburg, Dompl. 7, ☎ 210045 ♿ Gegründet in ottonisch-frühromanischer Zeit, ist der Dom ein in Jahrhunderten gewachsenes, mehrfach tiefgreifend verändertes Bauwerk. Künstlerisch außerordentlich wertvoll ist seine reiche Ausstattung. Im Kapitelhaus werden herausragende Stücke des Merseburger Domschatzes präsentiert. Ein monumentales Zeugnis barocker Bestattungskultur ist die Fürstengruft. @ dvh537

Neumarktkirche St. Tho-

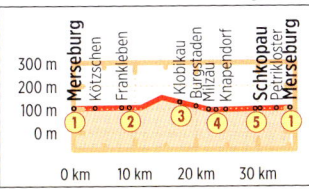

Merseburg / Kotzschen / Frankleben / Klobikau / Burgstaden / Milzau / Knapendorf / Schkopau Petrikloster Merseburg

300 m / 200 m / 100 m / 0 m

① ② ③ ④ ⑤ ①

0 km   10 km   20 km   30 km

Merseburg, Schloss und Dom

mae, Neumarkt, ☎ 211640. Außergewöhnlich ist das spätromanische Hauptportal mit Knotensäule. Die Kirche (1188) ist ebenso wie der Dom Teil der „Straße der Romanik".

🏛 **Stadtkirche St. Maximi**, am Markt gelegen. Vermutlich Ende des 10. Jhs. gegründet, 1432-1501 Neubau zur spätgotischen Hallenkirche und 1867-72 Bau des neugotischen Turms.

🏛 **Petrikloster**, Kloster 10-12. Die Peterskirche wurde 1012 erstmals erwähnt. Das Kloster wurde 1091 geweiht, vom 12. bis zum 16. Jh. war es ein Benediktinerkonvent. 1562 wurde das Kloster aufgelöst und in Folge als Steinbruch genutzt. 1930 wurden die erhaltenen Reste restauriert, heute versucht ein gemeinnütziger Verein das Kloster zu erhalten und als Kulturort wieder zu beleben. @ tfg761

🏛 **Schloss Merseburg**, Dompl. 9, ☎ 210045. Beeindruckende Schlossanlage (1605-1608) der deutschen Spätrenaissance.

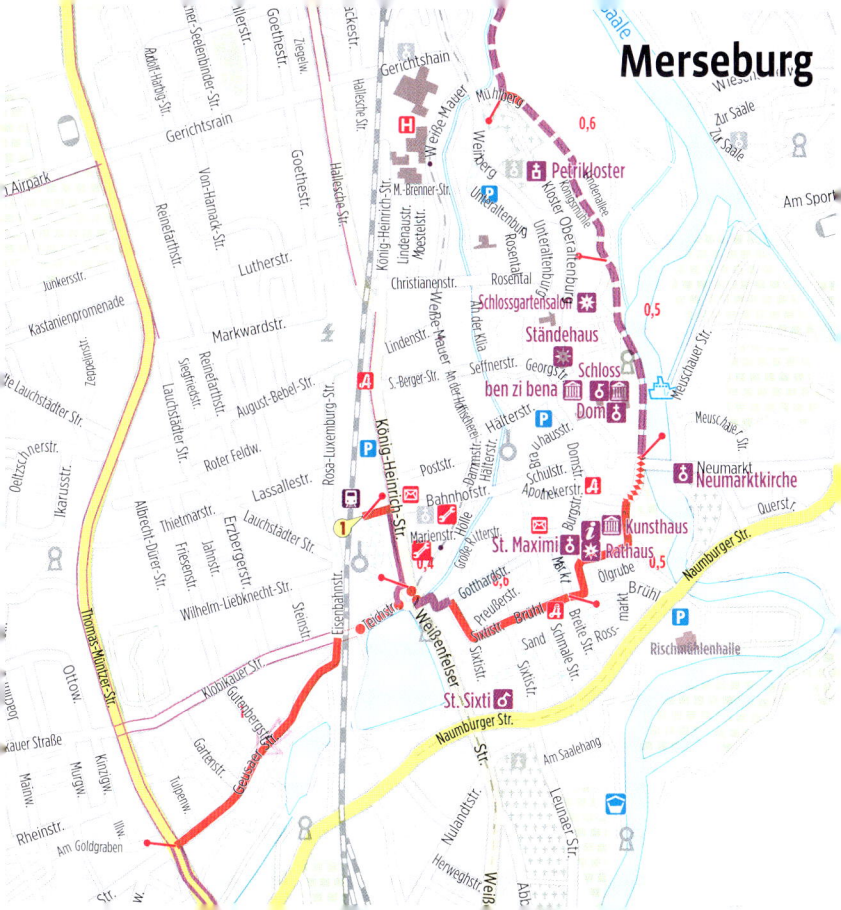

Merseburg

Teil des historischen Schlossensembles sind der Schlossgarten und der Schlossgartensalon. Im Schlossvorhof erhält der Rabenkäfig eine Rabensage lebendig.

- 🔴 **Kirchenruine St. Sixti**. Die Kirche war von 1327-1561 Stiftskirche. Seit dem Dreißigjährigen Krieg ist sie eine Ruine.
- ✳️ **Altes Rathaus**, Burgstr. 1. Der südliche Teil des Gebäudes (1478) wurde in den Jahren 1561-1568 im Renaissancestil erweitert.
- ✳️ **Schlossgartensalon**, Mühlberg 1a. Das Gebäude im Schlossgarten, der 1661 als barocker Lustgarten angelegt wurde, entstand um 1730 im Auftrag des Herzogs Moritz Wilhelm von Sachsen-Merseburg und sollte als Festsaal für Gartenfeste dienen. Heute wird der Schlossgartensalon als Veranstaltungsort genutzt.
- ✳️ **Ständehaus**, Oberaltenburg 2. Das Haus (1892-95) wurde für den Provinzialständetag, das Parlament der preußischen Provinz Sachsen, erbaut. Heute dient es als Kultur-, Kongress- und Tagungszentrum. @ cnp886

Zur Zeit Heinrichs I. trug der Burghügel in Merseburg bereits eine Königspfalz, die bis Ende der staufischen Zeit (1254) mehr als 20 Hoftage erlebte. Im Sachsenspiegel fand sie Erwähnung als einer der wichtigsten Pfalzorte im sächsischen Grenzgebiet. Einer der ersten Merseburger Bischöfe war Thietmar von Walbeck, dessen Chronik eine wichtige Quelle des deutschen Mittelalters darstellt und der 1015 den Grundstein für den Neubau des Domes legte. 1543 begann in Merseburg die Reformation, und nach dem Tod des letzten katholischen Bischofs im Jahr 1561 wurden die Kursächsischen Fürsten endgültig Administratoren des Hochstifts Merseburg. Nach dem Dreißigjährigen Krieg, der in der Region große Schäden angerichtet hatte, erlebte die Stadt durch das neugebildete Herzogtum Sachsen-Merseburg eine neue Blütezeit mit bemerkenswerten Repräsentativbauten. Sie ging zu Ende, als der Kleinstaat 1738 an Kursachsen und mit dessen nordwestlichen Teilen 1815 an Preußen fiel.

In der Bibliothek des Domkapitels wurden 1841 in einer theologischen Sammel-

Merseburg, Gotthardteich

handschrift des 9./10. Jahrhunderts die Merseburger Zaubersprüche entdeckt. Sie gelten als das einzig erhalten gebliebene Zeugnis germanischen Heidentums in althochdeutscher Sprache. Die stabreimenden Zauberformeln dienten als magische Beschwörungsformeln zur Befreiung von Gefangenen und zur Heilung eines lahmen Pferdes. Ein Faksimile dieser kostbaren Handschrift ist im „Zauberspruchgewölbe" in der Südklausur des Domes zu sehen.

Eine bedeutende Wandlung der Region erbrachte der großräumige Abbau der reichen Braunkohlevorkommen im Geiseltal und die nachfolgende chemische Industrie.

1954 nahm die Technische Hochschule Merseburg, seit 2005 Hochschule Merseburg, ihren Lehrbetrieb auf. 2005 wurde die Stadt mit dem Konzept „Neue Milieus - neue Chancen" Teilnehmerin der Internationalen Bauausstellung Stadtumbau Sachsen-Anhalt 2010. Seit 2007 ist Merseburg Kreisstadt des neugebildeten Landkreises Saalekreis.

Beuna

2 Frankleben

St. Martin, Müchelner Str. 31, ☎ 034633/22190. Die Dorfkirche wurde 1647 aus Bruchsteinen erbaut und 1733-35 nach Entwürfen von Johann Michael Hoppenhaupt im Stil des Barock ausgebaut.

Schloss Frankleben, Unterhof 1, ☎ 0152/53788480. Das Schloss wurde 1597-1603 im Renaissance-Stil von Dietrich von Bose errichtet. Bis 1945 war es Stammsitz der Familie von Bose. Im 18. sowie im 19./20. Jh. kam es zu erheblichen Umbauten, vor allem in den Innenräumen. Heute gehört das Schloss einer gemeinnützigen Stiftung, die der Wiederherstellung, Erhaltung und öffentlichen Nutzung des Anwesens dient. @ lyk325

Geiseltalsee

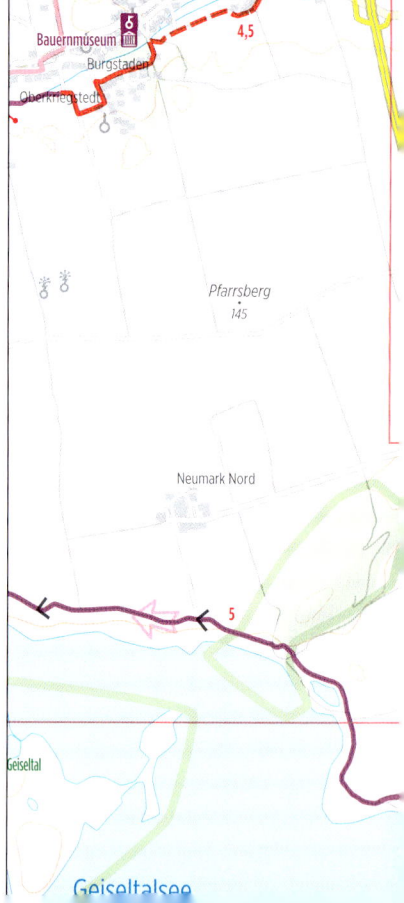

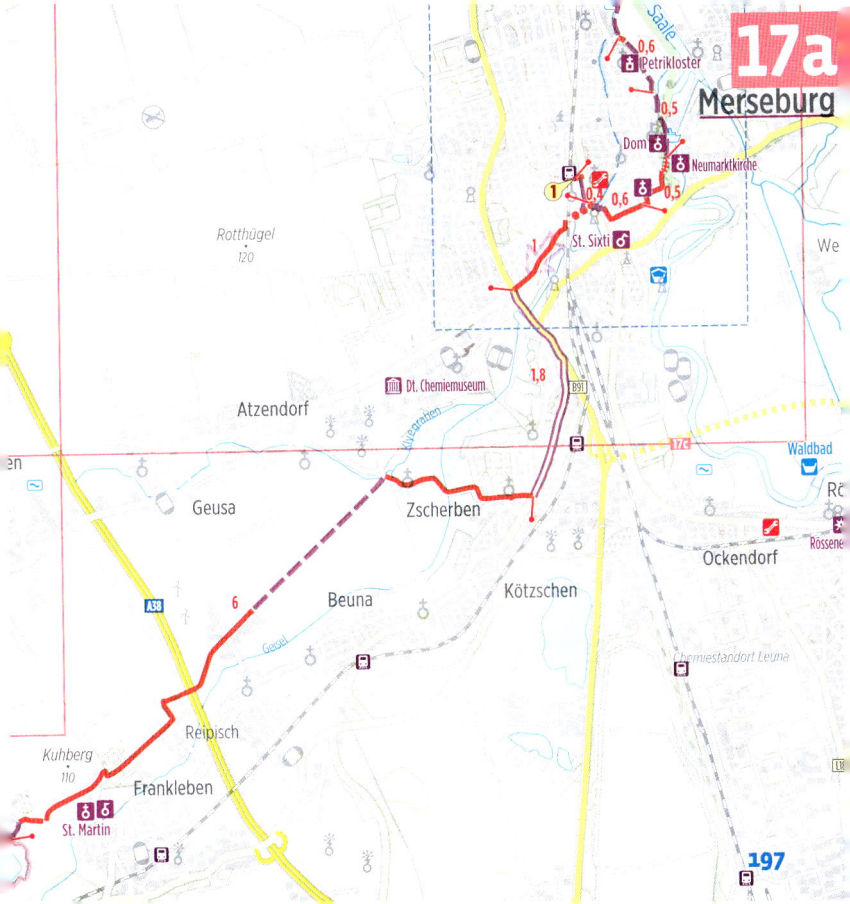

17a

Merseburg

Saale

0,6
Petrikloster

0,5

Dom
Neumarktkirche
0,6
0,5

1

St. Sixti

Rotthügel
120

We

Dt. Chemiemuseum
1,8

B91

Atzendorf

17c

Waldbad

Rc

Geusa

Zscherben

Rössene

Ockendorf

Kötzschen

A38

6

Beuna

Chemiestandort Leuna

Reipisch

Kuhberg
110

Frankleben

St. Martin

197

Schkopau, Schloss

3 Klobikau

🌼 **Aussichtsturm Seeblick Klobikauer Höhe.** Der 2002 errichtete Aussichtsturm ist 14,5 m hoch. In der Nähe des Aussichtsturmes ist eine Bunkeranlage der ehemaligen Sowjetarmee.

Milzau

🏰 **Schloss Milzau**, Kriegstedter Str. 29, OT Unterkriegstädt. Das 1695-96 erbaute Schloss Milzau war ein ehemaliger Herrschersitz und Gutshaus. Heute befindet sich eine Kindertagesstätte im Schloss.

4 Bündorf (Schkopau)

🏰 **Wasserschloss Bündorf**, Bündorfer Str. 42. Ludwig Adolph Freiherr von Zech ließ 1764 das barocke Schloss erbauen. 1998 wurde die gesamte Schlossanlage privatisiert, sie ist von einem ehemaligen,

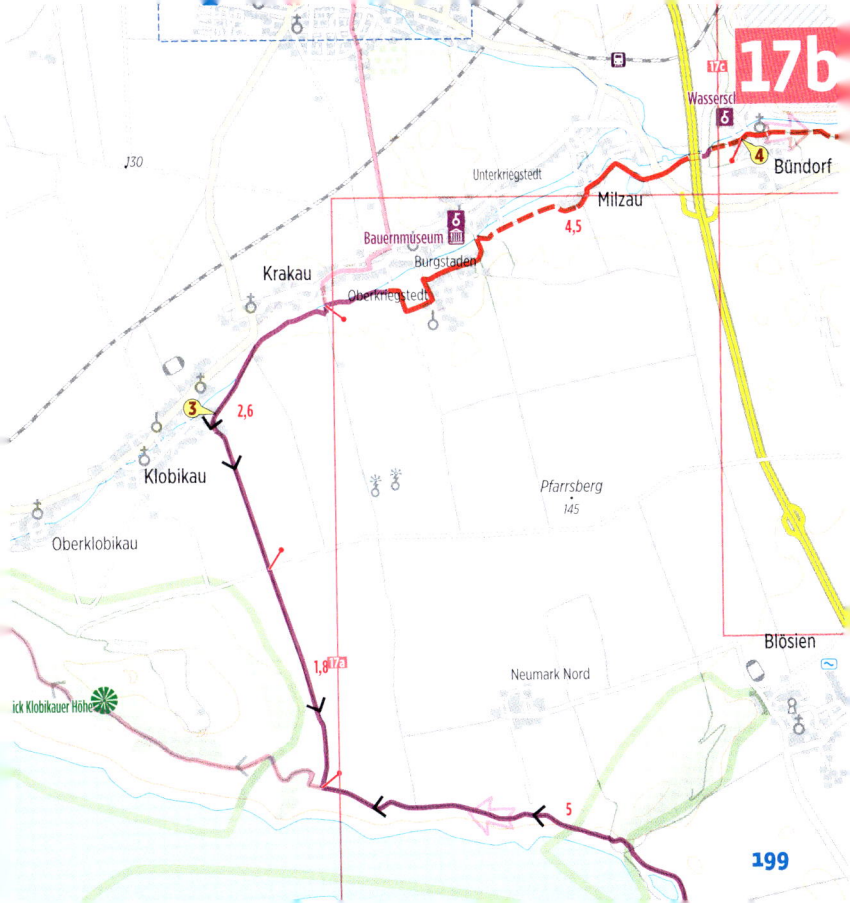

17b

Wasserschl

Bündorf

Unterkriegstedt

Milzau

4,5

Bauernmuseum

Burgstaden

Krakau

Oberkriegstedt

3   2,6

Klobikau

Oberklobikau

Pfarrsberg
145

Blösien

ick Klobikauer Höhe

1,8

Neumark Nord

5

199

Schkopau

Dorfkirche
Schloss Schkopau

Basiskarte © OpenStreetMap Contributors

Schloss Schkopau. Die karolingische Veste aus dem 8. Jh. wurde im 12. Jh. zu einer ausgedehnten Burganlage ausgebaut. Sehenswert sind der runde Bergfried und die Renaissancearchitektur des Wohnschlosses (1554-58). Das Burgschloss war 1477-1945 im Besitz der Familie von Trotha, heute befindet sich ein Hotel im Gebäude.

1 Merseburg s. S.191

heute stark verwilderten Landschaftspark umgeben.

Knapendorf

5 Schkopau

Vorwahl: 03461

Tourist-Information, Burgstr. 5, Merseburg, ☎ 214170, @ mao724

Dorfkirche, Hallesche Str. Die Kirche (1732-34) ist das Werk der Gebrüder Trothe, die eine ganze Reihe reizvoller Dorfkirchen im Umkreis von Merseburg schufen.

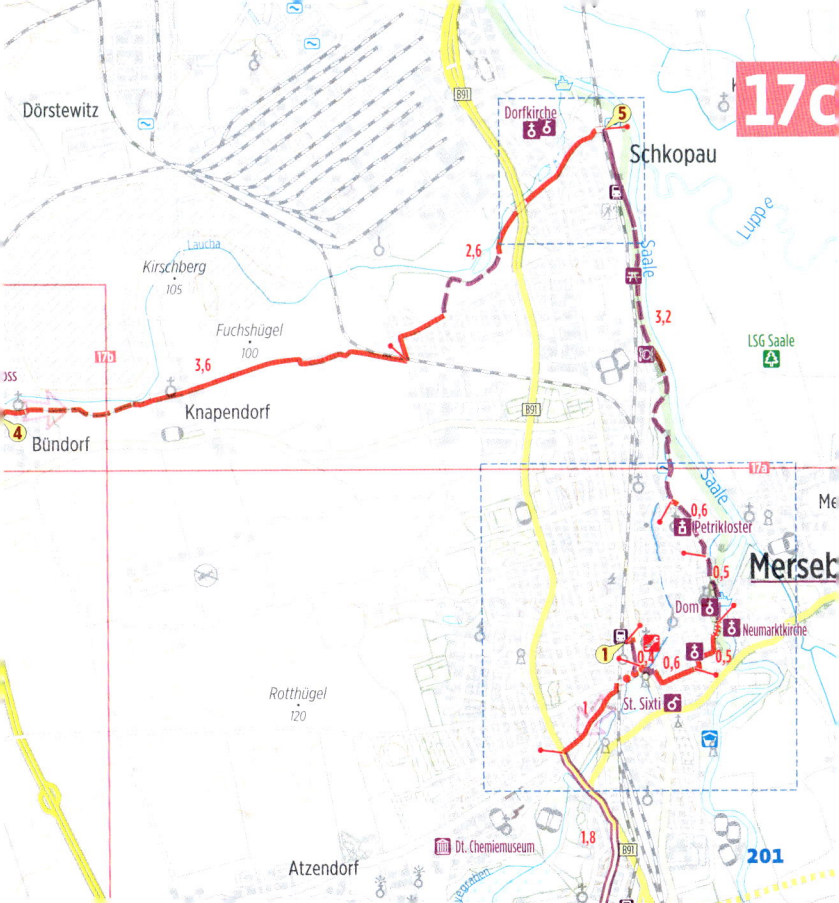

Dörstewitz

B91

17c

Dorfkirche

5 Schkopau

2,6

Laucha

Kirschberg
· 105

Fuchshügel
100

3,6

Saale

3,2

LSG Saale

17a

0ss

17a

4 Bündorf

Knapendorf

B91

Saale

17a

0,6

Petrikloster

0,5

Merseb

Me

Dom

Rotthügel
· 120

Neumarktkirche

1 0,4 0,6 0,5

St. Sixti

Dt. Chemiemuseum

1,8 B91

Atzendorf

201

Übernachtungs- und Serviceverzeichnis

Übernachtungsadressen

Dieses Verzeichnis beinhaltet folgende Übernachtungskategorien:

Kategorien

- 🛈 Tourist-Information
- Ⓗ Hotel
- Ⓗ𝗀 Hotel garni
- Ⓖ𝗁 Gasthof, Gasthaus
- Ⓟ Pension, Gästehaus
- ℗𝗓 Privatzimmer
- Ⓗ𝗈 Hostel
- Ⓜ𝗈 Motel
- Ⓝ𝖥 Naturfreundehaus
- Ⓐ𝖧 Apartmenthotel
- B&B Bed and Breakfast
- Ⓑ Bungalow
- Ⓕ𝗐 Ferienwohnung (Auswahl)
- Ⓑ𝗁 Bauernhof
- Ⓗ𝗁 Heuhotel
- Ⓢ Sonstiges
- 🏠 Jugendherberge, -gästehaus
- 🛆 Campingplatz
- 🛆 Zeltplatz (Naturlagerplatz)

Die Auflistung stellt keine Empfehlung einzelner Betriebe dar und erhebt keinen Anspruch auf Vollständigkeit. Um das Verzeichnis stets aktuell zu halten, sind wir für Mitteilungen bezüglich Änderungen jeder Art dankbar. Der einfache Eintrag erfolgt für die Betriebe natürlich kostenfrei, aus Platzgründen können wir diesen allerdings nicht garantieren. Vor allem in Tourismusgebieten

Alle mit dem Bett+Bike-Logo (☺) gekennzeichneten Betriebe erfüllen die vom ADFC vorgeschriebenen Mindestkriterien als „Fahrradfreundliche Gastbetriebe" und bieten darüber hinaus so manche Annehmlichkeit für Radfahrer. Detaillierte Informationen finden Sie unter *www.bettundbike.de*.

mit großem Übernachtungsangebot muss die Liste aus Platzgründen automatisiert leicht gekürzt werden.

Kennzeichnung

I   Preiskategorie unter € 25,-
II   Preiskategorie € 25,- bis € 35,-
III Preiskategorie € 35,- bis € 50,-
IV   Preiskategorie € 50,- bis € 70,-
V   Preiskategorie € 70,- bis € 100,-
VI   Preiskategorie über € 100,-
o.F. kein Frühstück angeboten
HP   mit Halbpension
⚲   nur Zimmer mit Etagenbad
☺   Bett+Bike Betrieb
2.5 Entfernung vom Weg in Kilometer Luftlinie

Preise

Die Preise gelten als Richtwert pro Person in einem Doppelzimmer mit Dusche oder Bad inkl. Frühstück.

Die angegebenen Preiskategorien entsprechen dem Stand des Erhebungs- bzw. Überarbeitungszeitraumes und können sich von den tatsächlichen Preisen unterscheiden. Besonders während Messezeiten, aufgrund von unterschiedlichen Zimmertypen und nicht zuletzt saisonal bedingt sind preisliche Schwankungen möglich.

Radwerkstätten u. -vermietung

🔧   Fahrradwerkstatt
🚲   Fahrradvermietung
🔋   E-Bike Ladestation
🔋   E-Bike Verleih
🚲   abschließbare Abstellanlagen

Entfernung

Die blaue Zahl (2.5) beim Betrieb gibt die Entfernung zur Route in Kilometern an. Bitte beachten Sie, dass sich diese Zahl auf die Luftlinie bezieht, ohne Berücksichtigung der Höhenmeter und der tatsächlichen zurückzulegenden Strecke.

Updates

Aktuelle Korrekturen zum Übernachtungsverzeichnis erhalten Sie über das LiveUpdate auf www.esterbauer.com.

Tour 1 - Pleißeradweg

Leipzig

Vorwahl: 0341

🛈 Tourist-Information, Katharinenstr. 8, ✆ 7104260 ⓩ

Ⓗ Adagio, Seeburgstr. 96, ✆ 216690, III ⍲

Ⓗ Arena City, Waldstr. 31, ✆ 35055555, III ⍮

Ⓗ Art Hotel City, Eutritzscher Str. 15, ✆ 303840, V ⍲

Ⓗ Big Mama, Kurt-Schumacher-Str. 23, ✆ 98510, IV ⍲

Ⓗ Dorint, Stephanstr. 6, ✆ 97790, IV-VI ⊙ ⍲

Ⓗ Fregehaus, Katharinenstr. 11, ✆ 26393157, IV ⓩ

Ⓗ Gwuni Mopera, Sternwartenstr. 4-6, ✆ 69914463 ⊙ ⓩ

Ⓗ InterCity Leipzig, Tröndlinring 2, ✆ 3086610, V ⍲

Ⓗ Marriott, Am Hallischen Tor 1, ✆ 96530, IV-V ⓩ

Ⓗ Michaelis, Paul-Gruner-Str. 44, ✆ 26780, IV-V ⍴ ⍮

Ⓗ Pentahotel, Großer Brockhaus 3, ✆ 12920, IV ⍲

Ⓗ Radisson Blu, Augustuspl. 5-6, ✆ 21460, V ⓩ

Ⓗ Schlaf Gut, Nürnberger Str. 1, ✆ 2110900, IV ⍲

Ⓗ Seaside Park, Richard-Wagner-Str. 7, ✆ 98520, V ⍲

Ⓗ The Westin Leipzig, Gerberstr. 15, ✆ 9880, V ⍲

Ⓗ Townhouse, Thomaskirchhof 13/14, ✆ 496140, V ⍮

Ⓗ Via City Leipzig, Karl-Liebknecht-Str. 40, ✆ 2113305, IV ⍵

Ⓗ Victor's Residenz, Georgiring 13, ✆ 68660, VI-IV ⊙ ⍲

Ⓗ Vienna House Easy Leipzig, Goethestr. 11, ✆ 9915390, IV ⍲

Ⓗg Markgraf Leipzig, Körnerstr. 36, ✆ 303030, III-IV ⊙ ⍮

Ⓟ Appartements im Zills Tunnel, Barfußgässchen 9, ✆ 9602078, o.F., III ⓩ

Ⓗo A&O Hostel Leipzig Hauptbahnhof, Brandenburger Str. 2, ✆ 250794900, IV ⍲

Ⓗo Groners, Katharinenstr. 13, ✆ 23689930, o.F., II ⓩ

Ⓗo Gästezentrum Jäschke im Missionswerk, Paul-List-Str. 19, ✆ 9940600, o.F., III ⓩ

Ⓗo Sleepy Lion, Jacobstr. 1, ✆ 9939480, III ⓩ

🟥 Bike Department Ost GmbH, Karl-Liebknecht-Str. 31, ✆ 6893334 1.5

🏠 🚲 Giant Store, Gabelsbergerstr. 1,
✆ 6893658 3

🏠 Little John Bikes, Martin-Luther-
Ring 3-5, ✆ 4625919 1.5

🏠 RADHaus, Mozartstr. 6, ✆ 26566142 1

🏠 Rücktritt, Grünewaldstr. 13, ✆ 9606040 2

Connewitz (Leipzig)

Vorwahl: 0341

🏠 Alt-Connewitz, Meusdorfer Str. 47a,
✆ 3013770, ✆ 3054990, IV ☺ 0.5

🏠 Homeplanet, Bornaische Str. 50,
✆ 0157/87677523, III 🍴 1

🏠 Kettenreaktion, Simildenstr. 1,
✆ 59096976 0.5

Markkleeberg

Vorwahl: 0341

ℹ️ Tourist-Informatiom, Rathausstr. 22,
✆ 33796718 0.5

🏠 Altes Kantorat, Lauersche Str. 12,
✆ 3586959, III ⊙ 2

🏠 🚲 Fahrradladen Bachmann, Bornaische
Str. 61, ✆ 3380546 1

🏠 🚲 Grosse Radwelt, Dösener Str. 1,
✆ 35019797 1.5

🏠 Grupetto, Rathausstr. 39, ✆ 35048468 1

🏠 RadRöhnert, Koburger Str. 99,

✆ 3584413 $\overline{1.5}$

Großdeuben (Böhlen)

Vorwahl: 034299

🅵🅦 Im Seendreieck, Hauptstr. 57, *✆* 75504,
✆ 0162/4244240, V $\overline{0.5}$

Böhlen

Vorwahl: 034206

🄸 Stadtverwaltung Böhlen, Karl-Marx
Str. 5, *✆* 6090 $\overline{0.5}$

🄶🄷 Zur Eiche, Bahnhofstr. 1, *✆* 51148,
✆ 0151/53008296, II $\overline{0.5}$

🄿 Bei Meyers, Kirchg. 4, *✆* 290808, III ☺ $\overline{0.5}$

Rötha

Vorwahl: 034206

🄸 Stadtverwaltung Rötha, Rathausstr. 4,
✆ 6000 $\overline{0}$

🄷 Alpha Appart Hotel, Ernst-Thälmann
Str. 4, *✆* 684412, III $\overline{1}$

🄰 Camping Hain, Hainweg 1, *✆* 758770 $\overline{2}$

Neukieritzsch

Vorwahl: 034342

🄸 Gemeindeverwaltung Neukieritzsch,
Schulpl. 3, *✆* 80312 $\overline{0.5}$

🅿 Rad Franz, Leipziger Str. 5, *✆* 506790 $\overline{0.5}$

🅿 Zweirad-Günther, Leipziger Str. 4,
✆ 51421 $\overline{0.5}$

Deutzen (Neukieritzsch)

🅿 Klaus Hoch, August-Bebel Str. 4,
✆ 03433/853479 $\overline{0.5}$

Tour 2 - Störmthaler See/Markkleeberger See

Markkleeberg — siehe Tour 1

Auenhain (Markkleeberg)

Vorwahl: 034297

🄰 Campingplatz Markkleeberger See, Paddelsteg 5 $\overline{0}$

Dreiskau-Muckern (Großpösna)

Vorwahl: 034206

🄷 LAGOVIDA - Ferienresort am Störmthaler See, Hafenstr. 1, *✆* 7750, IV ☺ $\overline{0}$

Tour 3 - Zum Cospudener See

Leipzig — siehe Tour 1

Connewitz (Leipzig) — siehe Tour 1

Markkleeberg — siehe Tour 1

Zöbigker (Markkleeberg)

Vorwahl: 034299

🄷 Markkleeberger Hof, Städtelner Str. 122-
124, *✆* 70580, IV ☺ $\overline{2}$

🅵🅦 Bootshaus Zöbigker, Koburger Str. 210,
✆ 0341/3588068, *✆* 0178/4028167, IV $\overline{0.5}$

Hartmannsdorf (Leipzig)

Vorwahl: 0341

P Voyage, Erikenstr. 10, ✆ 0157/83152941, o.F., III 1

Fw Ilka's kleine Harmonie, Erikenstr. 4, ✆ 0160/7378926, V 1

Knauthain (Leipzig)

Vorwahl: 0341

Kühnis Radhaus, Dieskaustr. 459, ✆ 4291747 1

Zweiradservice Martynus, Dieskaustr. 451, ✆ 4251382 1

Großzschocher (Leipzig)

Vorwahl: 0341

P Zur alten Bäckerei, Zur Alten Bäckerei 12, ✆ 94696100, III 0.5

Im Windschatten, Dieskaustr. 257, ✆ 91037676 0.5

Kleinzschocher (Leipzig)

Vorwahl: 0341

Radwelt, Windorfer Str. 52, ✆ 4248175 1.5

Tour 4 - Neuseenland-Radroute

Markkleeberg siehe Tour 1

Auenhain (Markkleeberg) siehe Tour 2

Dreiskau-Muckern (Großpösna) siehe Tour 2

Borna

Vorwahl: 03433

i Stadt- und Touristinformation, Markt 2, ✆ 873195 0

H Drei Rosen, Bahnhofstr. 67, ✆ 204494, III 0

Gh Stiehl's Gastro Paradise, Roßmarktsche Str. 12, ✆ 206812, I 0

P Pension Schwandner, Kesselshain 1a, ✆ 201333, ✆ 0174/6637482 0.5

Fahrradhaus Katrozan, Dinterpl. 5a, ✆ 207090 0

Roland Kopsch, Roßmarktsche Str. 8, ✆ 203659 0

Deutzen (Neukieritzsch) siehe Tour 1

Lucka

Vorwahl: 034492

i Stadtverwaltung, Pegauer Str. 17, ✆ 310 0

H Zum Hirsch, Altenburger Str. 39, ✆ 252070, ✆ 01573/2470007, III 0

Fahrrad Veldmann, Pegauer Str. 23, ✆ 22684 0

Großpriesligk (Groitzsch)

Vorwahl: 034296

Gh Großpriesligk, Cöllnitzer Str. 14, ✆ 42046, III 0.5

Pz Krostitz, Cöllnitzer Str. 16, ✆ 40981 0.5

Groitzsch

Vorwahl: 034296

H Weißes Roß, Markt 10, ☎ 42202, III ō
Gh Zur Schmiede, Altenburger Str. 57,
☎ 94439, III 0.5
Auto-Mängel, Markt 6, ☎ 76013 ō
Jens Kunath, Schnaudertrebnitz 2,
☎ 42169 ī

Pegau

Vorwahl: 034296

i Stadtverwaltung, Markt 1, ☎ 9800 ō
P Gästehaus Altes Postamt, Bahnhof-
str. 24, ☎ 0341/97440325,
☎ 0176/77027659, IV ī
P Juli und Beere, Kramerg. 15, ☎ 76600,
III ō
Auto-Mängel, Breitstr. 35, ☎ 76013 0.5
Zweirad Frenzel, Stöntzscher Str. 29a,
☎ 76804 0.5

Wiederau (Pegau)

Vorwahl: 034296

Pz Krüger, Hauptstr. 19, ☎ 72672, II 0.5

Zwenkau

Vorwahl: 034203

i Stadtverwaltung, Bürgermeister-Ahnert
Pl. 1, ☎ 5090 0.5
P Schwalbe, Arthur-Mahler Str. 18,
☎ 0171/6947773, III 0.5
Pz Lischke, Weberstr. 7, ☎ 32501,
☎ 0157/84918376, III 0.5
ASB-Fahrradwerkstatt, Leipziger
Str. 32, ☎ 432896 ō
Hillert's Radlerhof, Zum Rittergut 16,
☎ 52650, ☎ 0174/3822246 0.5

Zitzschen (Zwenkau)

Fw Ferienhof Nerlich, Kurze Str. 3,
☎ 034203/53660, I ī

Hartmannsdorf (Leipzig)   siehe Tour 3
Zöbigker (Markkleeberg)   siehe Tour 3

Tour 5 - Radroute Zentrum-Kulkwitzer See

Leipzig   siehe Tour 1

Plagwitz (Leipzig)

Vorwahl: 0341

H McDreams Leipzig-City, Zschochersche
Str. 48b, ☎ 92600440, V ō

Markranstädt

Vorwahl: 034205

i Stadt Markranstädt, Markt 1, ☎ 610 ō

🏨 Rosenkranz, Markt 4, ✆ 87495, III ⓘ

🅿 Filmriss, Leipziger Str. 45, ✆ 41099, III ⓘ

🅿 Grüner Zweig, Lütznerstr. 41, ✆ 87150, III ⓘ

🚲 Fahrradservice Markranstädt, Albertstr. 19, ✆ 42999 ⓘ

🚲 Radhaus Markranstädt, Leipziger Str. 63, ✆ 44790 ⓘ

Göhrenz (Markranstädt)

🏠 Ferienwohnung Kulkwitzer See, Drei Linden 6, ✆ 0341/69701243, ✆ 0177/3514508, IV-V ⓘ

Tour 6 - Elster-Saale-Radweg

Markranstädt   siehe Tour 5

Göhrenz (Markranstädt)   siehe Tour 5

Gärnitz (Markranstädt)

🏨 Grüne Eiche, Pl. des Friedens 6, ✆ 034205/58859, III ⓘ

Seebenisch (Markranstädt)

🅿 Branzko, Schkeitbarer Allee 2, ✆ 034205/7440 ⓘ

🅿 Haus Lupa, Angerstr. 13a, ✆ 034205/59654, I ⓘ

Lützen

Vorwahl: 034444

ℹ Stadt Lützen, Markt 1, ✆ 3150 ⓘ

🏨 Landhaus Fleischhauer, Starsiedeler Str. 2, ✆ 20495, III ⓘ

Weißenfels

Vorwahl: 03443

ℹ Tourist-Information Weißenfels, Markt 3, ✆ 303070 ⓘ

🏨 Jägerhof, Nikolaistr. 51, ✆ 3340, IV ☺ ⓘ

🏨 Altes Brauhaus, Fischg. 22, ✆ 302695, ✆ 0176/34696523, II ⓘ

🏨 Bootshaus Weißenfels, Beuditz-Vorstadt 23, ✆ 338088, III ⚑ ☺ ⓘ

🅿 Am Klemmberg, Alte Bergstr. 17, ✆ 300295, III ⓘ

🅿 Gästehaus Liebert, Rosa-Luxemburg Str. 6, ✆ 303746, II ⓘ

🅿 Pension Zur Saale, Weg nach der Marienmühle 8, ✆ 3335830, ✆ 0151/14133828, III ☺ ⓘ

Ⓟ König, Ferberstr. 12, ✆ 805761, ✆ 0177/4987965, II ⓘ

Ⓗ Sport-Tourist-Hostel, Beuditzstr. 69b, ✆ 0178/5201700, II ☺ ⓘ

🏠 Lindner, Ernst-Hentschel Str. 1, ✆ 805040, ✆ 0160/7998630, II ⓘ

🚲 Little John Bikes, Max-Planck-Str. 1, ✆ 3387880 ⓘ

🚲 Zweirad-Eitel junior, Merkwebener Str. 7, ✆ 336525 ⓘ

Tour 7 - Auf der Kohle-Dampf-Licht-Radroute nach Delitzsch

Leipzig
siehe Tour 1

Gohlis (Leipzig)
Vorwahl: 0341

🚲 Die Speiche, Georg-Schumann-Str. 58, 📞 9013494 ⓪

Möckern (Leipzig)
Vorwahl: 0341

🚲 Corsa-Radsport, Georg-Schumann-Str. 265, 📞 9014174 ⓪

Lindenthal (Leipzig)
Vorwahl: 0341

Ⓗ Lindenthal, Lindenthaler Hauptstr. 46, 📞 467470, III ⓪

🚲 Fahrradservice Heine, Sternenwinkel 6, 📞 4613726 ⓪

Breitenfeld (Leipzig)
Vorwahl: 0341

Ⓗ Schloss Breitenfeld, Lindenallee 8, 📞 46510, V ⓪

Hayna (Schkeuditz)
Vorwahl: 034207

Ⓟ Hayna, Mittelstr. 28, 📞 40202, II ⓪

Radefeld (Schkeuditz)
Vorwahl: 034207

Ⓗ ibis Styles Leipzig, Haynaer Weg 15, 📞 420, IV ⓪

Ⓖⓗ Zur Erholung, Landsberger Str. 10, 📞 0172/3403910, II ⓪

Ⓟ Das Lehmhaus am Anger, Am Oberen Anger 9, 📞 91188, III ⓪

Delitzsch
Vorwahl: 034202

Ⓘ Tourist-Information, Schloßstr. 31, 📞 67237 ⓪

🚲 Fahrrad Baron & Zweirad Team Krippner & Wernicke, Breite Str. 27, 📞 91479 ⓪

🚲 Siegismund Ryl, Eilenburger Str. 57, 📞 53495 ⓪

Tour 8 - Rund um Schladitzer und Werbeliner See

Delitzsch
siehe Tour 7

Rackwitz
Vorwahl: 034294

Ⓗ Apartment-Hotel, Nordstr. 1, 📞 77711, II ⒂

Ⓖⓗ Landgasthof Podelwitz, Wiederitzscher Str. 14, 📞 8240, II ⑶

Ⓐ Camp David, Haynaer Str., 📞 858688 ⓪

Hayna (Schkeuditz)
siehe Tour 7

Radefeld (Schkeuditz)
siehe Tour 7

Zwochau (Wiedemar)
Vorwahl: 034207
- 🅷 Gutshof Zwochau, Zwochauer Schulstr. 15, ✆ 910795, III 15̱

Tour 9 · Parthe-Mulde-Radroute

Möckern (Leipzig)   siehe Tour 7
Gohlis (Leipzig)   siehe Tour 7
Leipzig   siehe Tour 1
Schönefeld (Leipzig)
Vorwahl: 0341
- 🅷 Ibis budget Leipzig Messe, Föpplstr. 7, ✆ 2458401, III 0̱
- 🅼 Leipzig International, Volksgartenstr. 24, ✆ 245700, II 0̱
- 🖊 Fahrrad Schurig, Ossietzkystr. 44, ✆ 2330329 0̱

Mockau (Leipzig)
- 🖊 Schulze Leipzig Nord, Kieler Str. 16, ✆ 0341/6010976 0̱

Thekla (Leipzig)
Vorwahl: 0341
- 🅷 B&B Hotel Leipzig-Nord, Torgauer Str. 277A, ✆ 0341/271160, III 0̱
- 🛌 Bleibe - Einfach, An den Pferdnerkabeln, ✆ 0176/42003352, II 🏳 ☺ 0̱
- 🖊 Martin Goetze, Rostocker Str. 40, ✆ 0341/9211689 0̱

Plaußig-Portitz (Leipzig)
- 🅷 Good Morning+ Leipzig, Tauchaer Str. 260, ✆ 0341/92620, II-III 0̱

Taucha
Vorwahl: 034298
- 🛈 Stadtverwaltung Taucha, Schloßstr. 13, ✆ 700 0̱
- 🅷 Apart Hotel Taucha, Weststr. 1, ✆ 30818, III 0̱
- 🅷 Ibis Leipzig Nord Ost, Leipziger Str. 125, ✆ 397100, III 0̱
- 🅿 Scheller, Portitzer Str. 52, ✆ 68819, ✆ 0157/52022413, III 0̱
- 🖊 Velo Lipp, Südstr. 1, ✆ 63277 0̱

Panitzsch (Borsdorf)
Vorwahl: 034291
- 🅿 Enke, Borsdorfer Str. 22, ✆ 33513, ✆ 0172/3623598, II 0̱

Borsdorf
Vorwahl: 034291
- 🛈 Gemeinde Borsdorf, Rathausstr. 1, ✆ 4140 0̱

Beucha
Vorwahl: 034293
- 🅷 Seerose, Kiebitzgrund 1, ✆ 4080, IV 0̱
- 🅵🅦 Zur Krone, Dorfstr. 30, ✆ 72801, II 0̱
- 🅰 🅷 Campingplatz, Am Albrechtshainer

See 1, 📞 44200 ⓪

Albrechtshain (Naunhof)

🅵🅆 Ferienwohnung Albrechtshain, Am Teich 6, 📞 034293/471307, III ⓪

Erdmannshain (Naunhof)

🅿 Erdmannshainer Mühle, Eichaer Str. 40, 📞 034293/34560, 📞 034293/35265, III ⓪

🅟🅩 Hr. Frommater, Eichaer Str. 29, 📞 034293/29653, 📞 0173/5729342, o.F., II ⓪

Naunhof

Vorwahl: 034293

🛈 Stadt- und Touristinformation, Bahnhofstr. 25, 📞 475647 ⓪

🅷 Rosengarten, Nordstr. 22, 📞 430, IV ⓪

🅿 Goldene Kugel, Lange Str. 60, 📞 31616, 📞 0157/77500021, III ⓪

🚲 gegenwind 4.0, Alte Beuchaer Str. 09, 📞 84423 ⓪

Grethen (Parthenstein)

🅽🅵 „Leipziger NaturFreundehaus" Grethen, Herbergsweg 5, 📞 03437/763449, 📞 01520/9914950, I-II ☺ ⓪

Grimma

Vorwahl: 03437

🛈 Tourist-Information, Markt 23, 📞 9779011🕮 ⓪

🅷 Gattersburg, Colditzer Str. 3, 📞 0162/5186634, III ⓪

🅷🅶 Altstadt, Brückenstr. 12, 📞 914095, III ☺ ⓪

🅶🅷 Hospitalschenke, Leisniger Str. 54, 📞 948049, 📞 01520/1311391, III ⓪

🅿 F5, Frauenstr. 5, 📞 7590413, 📞 0176/28286776, o.F., II ⓪

🅿 Lindner, Hohe Str. 10, 📞 917561, 📞 0157/78245167, o.F., III ⓪

🚲 🚲 Fahrrad Welz, Bahnhofstr. 35, 📞 944666 ⓪

🚲 Zweirad Shop Rüdiger, Hohnstädter Str. 25, 📞 707493 ⓪

Tour 10 - Am Elsterradweg von Leipzig nach Halle

Leipzig	siehe Tour 1
Möckern (Leipzig)	siehe Tour 7

Wahren (Leipzig)

Vorwahl: 0341

🅵🅆 Ferienwohnung am Auensee, Am Meilenstein 15, 📞 0152/55265018, V ⓘ

🅰 Knaus Campingpark Leipzig, Gustav-Esche-Str. 5, 📞 4651600 ⓪⑤

Schkeuditz

Vorwahl: 034204

🛈 Stadtverwaltung, Rathauspl. 3, 📞 880 ⓪

H Campanile, Terminalring 8,
  ℐ 0341/2243270, III 3̲

H Globana Airport Hotel, Frankfurter
  Str. 4, ℐ 33333, III 1̲.5̲

Oberthau (Schkopau)

P Oberthau, Ammendorfer Str. 21,
  ℐ 0176/96012555, III 0̲.5̲

Radewell/Osendorf (Halle (Saale))

Vorwahl: 0345

🚲 2Rad Möbert, Regensburger Str. 69,
  ℐ 7758210 0̲

🚲 Fahrrad Hof, Wiesenstr. 7, ℐ 7809703 0̲

Ammendorf (Halle (Saale))

Vorwahl: 0345

H Eigen, Kurt-Wüsteneck Str. 1, ℐ 77556,
  IV 0̲.5̲

H Guldenhof, Guldenstr. 32, ℐ 7758179,
  ℐ 0162/9872844, III-IV 0̲.5̲

P Ammendorf, G.-Dimitroff-Str. 7,
  ℐ 779950, III 0̲

P Mariba, Friedrichstr. 5, ℐ 7758108, III 0̲.5̲

🚲 Fahrrad Kopf, Regensburger Str. 6,
  ℐ 7758437 0̲

Silberhöhe (Halle (Saale))

Vorwahl: 0345

Fw Fam. Kirchhoff, Brünner Str. 2,
  ℐ 7828524, ℐ 0170/2845941, IV 0̲.5̲

Halle (Saale)

Vorwahl: 0345

🛈 Tourist-Information, Marktpl. 13, Markt-
  schlösschen, ℐ 1229984 0̲.5̲

H Am Wasserturm, Lessingstr. 8, ℐ 29820,
  IV-V 2̲

H Ankerhof, Ankerstr. 2a, ℐ 570270, IV 0̲.5̲

H B&B Hotel Hallmarkt, Hallorenring 9,
  ℐ 27957350, IV 0̲.5̲

H Dorint Charlottenhof, Dorotheenstr. 12,
  ℐ 29230, IV-V ☺ 1̲.5̲

H Esprit, Torstr. 7, ℐ 212200, III 1̲

H Sonnenschein, Torstr. 19, ℐ 6784441,
  III 0̲.5̲

H Stiftung Marthahaus, Adam-Kuckhoff-
  Str. 5, ℐ 51080, III 1̲

P Dessauer Hof, Paracelsusstr. 9,
  ℐ 2909028, III 2̲

P Gutshaus, Richard-Schatz-Str. 23,
  ℐ 1318545, III 0̲.5̲

Ho Hostel No. 5, Robert-Franz-Ring 5,
  ℐ 13549719, ℐ 0163/7939858, II 0̲.5̲

🏠 Jugendherberge Halle, Große Steinstr. 60, ℐ 2024716, III ☺ 1̲.5̲

🚲 Bike Insider, Mansfelder Str. 43,
  ℐ 2090932 0̲.5̲

🚲 Fahrrad XXL, Delitzscher Str. 63a,
  ℐ 23937240 3̲.5̲

🚲 Fahrrad-Focken, Große Steinstr. 11, ☎ 6856343 1̄

🚲 Fahrradhaus Skorpion, Ludwig-Wucherer-Str. 71, ☎ 2029051 1̄.5

🚲 Fahrradies, Bernburger Str. 25, ☎ 2909727 1̄.5

🚲 Radweg, Geiststr. 60, ☎ 47883560 1̄

🚲 Re-Cycle, Rudolf-Ernst-Weise-Str. 4-6, ☎ 0178/8582183 2̄

🚲 Surf in Bike out, Alter Markt 1-2, ☎ 96391585 1̄

Tour 11 - Lunzberge und Brachwitzer Alpen

Halle (Saale)   siehe Tour 10

Kröllwitz (Halle (Saale))

Vorwahl: 0345

H Kröllwitzer Hof, Schinkelstr. 7, ☎ 5511437, ☎ 0177/3564944, IV 0̱

Lettin (Halle (Saale))

Vorwahl: 0345

Pz Gästehaus Lettin, Fischerweg 1, ☎ 5508619, I 0̱

Brachwitz (Wettin-Löbejün)

Vorwahl: 0345

P Casa Luciko, An der Eiche 3a, ☎ 6802446, ☎ 0172/5663187 0̱

Fw Götze, Gimritzer Str. 27, ☎ 5509253 1̄

Trotha (Halle (Saale))

Vorwahl: 0345

P Am Krähenberg, Am Krähenberg 1, ☎ 4782360, III 0̱.5

P Am Zoo, Geschwister-Scholl-Str. 30a, ☎ 0163/1578201, II 0̱.5

🏕 Camping am Nordbad, Am Nordbad 12, ☎ 58173860 0̱.5

Giebichenstein (Halle (Saale))

Vorwahl: 0345

🚲 Adreika, Reilstr. 133, ☎ 5163057 1̄

🚲 Fahrrad Jordan, Triftstr. 16, ☎ 5503958 0̱.5

🚲 Selbsthilfewerkstatt, Reilstr. 126, ☎ 5226756 1̄

Tour 12 - Auf dem Himmelsscheiben-Radweg

Giebichenstein (Halle (Saale))   siehe Tour 11

Neustadt (Halle (Saale))

Vorwahl: 0345

H Bergschänke, Heidestr. 1, ☎ 8057653, III 1̄

H Hammerhotel, Johann-Sebastian-Bach Str. 23, ☎ 56645123, I ☺ 2̄

H TRYP by Wyndham, Neustädter Passage 5, ☎ 69310, III-IV 1̄

🚲 Inmove, Am Tulpenbrunnen 4,

📞 20879349 <u>0.5</u>

Lieskau

Ⓟ Heidepension Küster, Hallesche Str. 19,
📞 0345/5504542, 📞 0173/3533205, II <u>0</u>

Seeburg

Vorwahl: 034774

Ⓟ 🅂 Zur Forelle, Str. der Freundschaft 26,
📞 28242, IV <u>0.5</u>

Ⓕ Urlaub am Süßen See, Wochenendhaus-
siedlung Südufer 47, 📞 03476/553700,
📞 0174/2638188, V <u>0</u>

Ⓐ Campingplatz Seeburg, Nordstrand 1,
📞 28281, 📞 0176/70481646 <u>i</u>

Aseleben

Vorwahl: 034774

Ⓗ Strandhotel, Zum Süßen See 8a,
📞 28069, IV <u>0</u>

Ⓕ Haus Vogelsee, Pionierstr. 5, 📞 20477,
III <u>0</u>

Röblingen am See

Vorwahl: 034774

Ⓘ Gemeindeverwaltung, Pfarrstr. 8,
📞 4440 <u>0</u>

Ⓕ Adventure, Rudolf-Breitscheid Str. 24,
📞 0173/6948820, I-II <u>i</u>

Ⓕ Schumacher, Rudolf-Breitscheid Str. 15,
📞 28212, 📞 0173/4563256, III <u>i</u>

Stedten

Vorwahl: 034774

Ⓗ Gasthof Zahn, Ernst-Thälmannring 29a,
📞 70090, III <u>0</u>

Schraplau

Vorwahl: 034774

Ⓕ Ferienwohnung Mettin, Querfurter
Str. 22, 📞 01520/5244478, I <u>0</u>

Ⓕ Pfeiffer, Zellerstr. 3, 📞 0160/2573585, III <u>0</u>

Obhausen

Ⓕ Ferienwohnung Obhausen, Puschkin-
str. 6, 📞 06201/3909907,
📞 0162/6874027, III <u>0</u>

Querfurt

Vorwahl: 034771

Ⓘ Stadtinformation, Markt 9, 📞 60140 <u>0</u>

Ⓗ Querfurter Hof, Merseburger Str. 5,
📞 5240, V <u>0</u>

Ⓗ Zur Sonne, Freimarkt 4, 📞 23156, III <u>0.5</u>

Ⓡ 🅂 Zweiradhaus Mielke, Roßpl. 1, 📞 27191,
📞 27191 <u>0</u>

Hermannseck (Querfurt)

Ⓐ Ⓕ Zeltplatz Hermannseck, Zum Zeltpl. 1,
📞 034771/22559 <u>0.5</u>

Ziegelroda (Querfurt)

Vorwahl: 034672

Ⓟ Corina, Querfurter Str. 27, 📞 83276, II <u>2</u>

🅵🅦 Zur Himmelsscheibe, Querfurter Str. 23,
✆ 939183, ✆ 0175/8630636, IV 1.5

Wangen

Vorwahl: 034461

Ⓗ Waldschlösschen, An der Steinklöbe 13,
✆ 255360, IV 0

🅵🅦 Ferienwohnung auf dem Gutshof, Am
Dorfpl. 27, ✆ 23460, ✆ 0173/2111149, II
☺ 0.5

Nebra

Vorwahl: 034461

🅸 Stadtverwaltung, Promenade 13,
✆ 22101 0.5

Ⓗ Schlosshotel Himmelscheibe, Schloß-
hof 4-5, ✆ 25218, IV ☺ 0

Ⓟ Kretschmar, Am Schlossberg 4,
✆ 22069, ✆ 0160/4447857, II 0

Ⓟ Sommerfrische Nebra, Erich-Langrock
Str. 19, ✆ 0162/4622823, III 1

🅼 Jugendherberge Nebra, Altenburgstr. 29, ✆ 25454, o.F., II ☺ 0.5

🅿 Pöhler Zweirad- und Motorentechnik
GmbH, August-Bebel Str. 6, ✆ 22626 0.5

Tour 13 - Süßer See- Salziger See Rundweg

Röblingen am See siehe Tour 12

Aseleben siehe Tour 12

Lüttchendorf

🅵🅦 Familie Matthias, Siedlung 11,
✆ 03475/7259159, ✆ 0152/53445832, I 0

Seeburg siehe Tour 12

Tour 14 - Reide-Radweg

Silberhöhe (Halle (Saale)) siehe Tour 10

Ammendorf (Halle (Saale)) siehe Tour 10

Radewell/Osendorf (Halle (Saale)) siehe
Tour 10

Dieskau (Kabelsketal)

Vorwahl: 0345

Ⓗ Arc Hotel, Döllnitzer Str. 1, ✆ 58020, III 0

Ⓗ Haus am Park, Neue Siedlung 9,
✆ 5800566, II 0

Kanena (Halle (Saale))

Vorwahl: 0345

🅵🅦 Kahsa Apartments, Zum Planetarium 44, ✆ 5800115, ✆ 0171/7495919, III-
IV 0

Reideburg (Halle (Saale))

Ⓟ Landhaus, Oelsnitzer Str. 2,
✆ 0345/21389649, II 0

Peißen (Landsberg)

Vorwahl: 0345

Ⓗ H+ Hotel Leipzig-Halle, Hansapl. 1,

🕿 56470, III ⓞ
- Ⓗ Mühlenhotel, An der Windmühle 1, 🕿 57500, IV ⓞ
- Ⓟ Pension Peißen, Am Zentrum 15, 🕿 5601543, II ⓞ

Tour 15 - Auf dem Goetheradweg zum Geiseltalsee

Silberhöhe (Halle (Saale))　　siehe Tour 10

Bad Lauchstädt
Vorwahl: 034635
- 🛈 Besucherzentrum, Parkstr. 18, im Quell-pavillon im Kurpark, 🕿 78214, 🕿 78216 ⓞ
- Ⓗ Kurpark-Hotel, Parkstr. 15, 🕿 20353, IV ⓞ
- Ⓗ Lindenhof, Lindenstr. 21, 🕿 78290, IV ⓞ
- Ⓟ Schadly, Querfurter Str. 38, 🕿 20550, IV ⓞ

Stöbnitz (Mücheln (Geiseltal))
Vorwahl: 03463
- Ⓕⓦ *Auszeit I+2* am Geiseltalsee, Stöbnitzer Mitte 11, 🕿 0162/5148432, V ☺ ⓞ
- Ⓐ Ⓗ Geiseltalsee Camp, Strandallee 1, 🕿 0160/94470012 ☺ ⓞ

Mücheln (Geiseltal)
Vorwahl: 034632
- 🛈 Stadtinformation, Markt 20, 🕿 40111 ⓞ
- Ⓖⓗ Drei Linden, Dorfstr. 34, OT Branderoda,

🕿 20280, 🕿 0171/4745819, II ⓞ
- 🖐 Pilgerherberge im Pfarrhaus, Pfarrg. 3, 🕿 0152/23990220 ⓞ

Tour 16 - Geiseltalsee-Rundweg

Mücheln (Geiseltal)　　siehe Tour 15

Krumpa
- Ⓟ El Retiro, Neumarker Str. 3, 🕿 034637/90309, III ⓞ

Braunsbedra
Vorwahl: 034633
- 🛈 🚍 Besucherzentrum Braunsbedra und Geiseltalexpress, Grubenweg 4, 🕿 900748. Museum zur Geschichte des Geiseltals, Kleinwegebahn. ⓞ
- Ⓗ Warias Hotel, Markt 13-14, 🕿 9090, IV-V ☺ ⓞ

Stöbnitz (Mücheln (Geiseltal))　　siehe Tour 15

Tour 17 - Rundtour Merseburg

Merseburg
Vorwahl: 03461
- 🛈 Tourist-Information, Burgstr. 5, 🕿 214170 ⓞ
- Ⓗ Am Park, Gutenbergstr. 18, 🕿 215472, II-III ⓞ
- Ⓗ Best Western Halle-Merseburg, Christia-

nenstr. 25, ☎ 3500, III-V ☺ ̱0̱

Ⓗ Check-Inn, Dorfstr. 12, ☎ 305550, III ̱0̱

Ⓗ Merseburger Rabe, Ottoweg 19,
☎ 525425, ☎ 0172/5316997, IV ̱0̱

Ⓗ Radisson Blu Hotel, Halle-Merseburg,
Oberaltenburg 4, ☎ 45200, III-IV ̱0̱

Ⓗ Zum Goldenen Löwen, V.-Harnack-Str. 3,
☎ 201591, III ̱0̱

Ⓟ Am Rosental, Unteraltenburg 37,
☎ 205624, ☎ 01522/2064244, II ̱0̱

Ⓟ Gutjahr, Naumburger Str. 100,
☎ 503650, ☎ 0151/26909054, II ̱0̱

Ⓟ Hillmann-Koschut, Neumarkt 78,
☎ 4415240, ☎ 0152/27110276, II ̱0̱

Ⓟ König Heinrich, König-Heinrich-Str. 49,
☎ 289289, II-III ̱0̱

Ⓟ Leisner, Klobikauer Str. 58, ☎ 210695,
☎ 0179/1319428, II ̱0̱

Ⓗⓞ Herberge Zur St. Sixti, Preußerstr. 18/20,
☎ 47420, ☎ 0172/7603366, o.F., II ⚑ ̱0̱

Ⓕⓦ Am Stadtpark, Gerichtsrain 3, ☎ 230175,
II ̱0̱

🔧 Radmanufaktur, Hölle 1, ☎ 2597066 ̱0̱

Beuna

Ⓟ Zur Schiene, Naumburger Str. 232,
☎ 03461/500485,
☎ 03461/0176/78500122,
☎ 0162/4115734, IV ̱0̱

Schkopau

Vorwahl: 03461

🄸 Tourist-Information, Burgstr. 5, Merseburg, ☎ 214170 ̱0̱

Ⓗ Schlosshotel Schkopau, Am Schloss,
☎ 7490, IV-V ̱0̱

Ⓗⓖ Gästehaus Schkopau, Dörstewitzer
Str. 4, ☎ 723083, II ̱0̱

Ortsindex

Die Seitenzahlen ab 202 beziehen sich auf das Übernachtungsverzeichnis.

A

Albrechtshain 110, 212
Ammendorf 124, 167, 213, 216
Amsdorf 165
Aseleben148, 161, 215, 216
Auenhain 39, 51, 206, 207

B

Bad Lauchstädt 174, 217
Beesen 124, 167, 173
Benkendorf 146
Bergbau-Technik Park 42
Berndorf 62
Beucha 110, 211
Beuna 196, 218
Böhlen 28, 206
Böllberg-Wörmlitz 128

Borna 52, 207
Borsdorf 108, 211
Brachwitz 138, 214
Braunsbedra 188, 217
Breitenfeld 210
Brodau 92
Brodenaundorf 92
Bruckdorf 170
Bündorf 198
Burgliebenau 124
Büschdorf 170

C

Connewitz 28, 45, 205, 206

D

Dehlitz 80
Delitz am Berge 173
Delitzsch 95, 210
Deutzen 34, 60, 206, 207
Dieskau 168, 216
Döllnitz 124
Dreiskau-Muckern 42, 52, 206, 207

E

Erdeborn 161

Erdmannshain110, 212
Espenhain 42, 52
Esperstedt 152

F

Frankleben 189, 196

G

Gärnitz 76, 209
Gaschwitz 28
Gaulis 32
Gerbisdorf 99
Giebichenstein 138, 141, 214
Gohlis 87, 210, 211
Göhrenz 71, 75, 209
Grethen 212
Grimma 112, 212
Groitzsch 62, 208
Großdeuben 28, 206
Großpriesligk 62, 207
Großstädteln 28
Großsteinberg 112
Großstolpen 62
Großzschocher 48, 207
Grünau 71
Güldengossa 39, 52

H

Halle (Saale) 131, 213, 214
Hartmannsdorf 45, 67, 207, 208
Haubitz 52
Hayna 92, 98, 210
Heide Süd 142
Hermannseck156, 215
Hohenweiden 173

I

Industriegebiet Nord 138

K

Kahnsdorf 32
Kanena 170, 216
Kleinzschocher 48, 207
Klobikau 180, 189, 198
Knapendorf 200
Knauthain 48, 207
Kröllwitz 138, 214
Krumpa 188, 217
Kuckenburg 152
Kulkwitz 75

L

Langenbogen 147
Leimbach 156
Leipzig 19, 103, 204, 206, 208, 210, 211, 212
Lettin 138, 214
Lieskau 146, 215
Lindenthal 88, 210
Lippendorf 32
Löbschütz 66
Lochau 124
Lucka 60, 207
Lüttchendorf 161, 216
Lützen 76, 209

M

Markkleeberg 37, 205, 206, 207
Markranstädt 71, 75, 208, 209
Merseburg 191, 217
Meuchen 76
Milzau 178, 198
Mockau 103, 211
Möckern 88, 103, 122, 210, 211, 212
Mücheln (Geiseltal) 180, 185, 217

N

Naunhof 110, 212

Nebra 159, 216
Neubiendorf 188
Neukieritzsch 32, 206
Neumark 188
Neustadt 146, 214

O

Oberthau 124, 213
Obhausen 153, 215

P

Panitzsch 108, 211
Pegau 63, 208
Peißen 170, 216
Plagwitz 71, 208
Plaußig-Portitz 104, 211
Pötzschau 52

Q

Querfurt 153, 215

R

Rackwitz 98, 210
Radefeld 210
Radewell/Osendorf 124, 168, 213, 216
Raßnitz 124
Regis-Breitingen 60
Reideburg 170, 216
Rippach 80
Röblingen am See 148, 161, 215, 216

Röcken 80
Rollsdorf 147, 164
Röpzig 173
Rötha 30, 206
Rüssen-Kleinstork-witz 66

S

Schkeuditz 122, 212
Schkopau 200, 218
Schönefeld 103, 211
Schraplau 150, 215
Seebenisch 75, 209
Seeburg 148, 161, 215, 216
Silberhöhe 128, 167, 173, 213, 216, 217
Stedten 150, 215
Stichelsdorf 170
Stöbnitz 180, 189, 217
Störmthal 40, 52

T

Taucha 104, 211
Thekla 104, 211
Trotha 138, 214

W

Wahren 122, 212
Wangen 158, 216
Wansleben am See 164

Weideroda 66
Weißenfels 80, 209
Wiederau 66, 208
Wildenhain 60
Wolteritz 92, 96

Z

Zappendorf 146
Ziegelroda 215
Zitzschen 67, 208
Zöbigker 45, 68, 206, 208
Zweenfurth 110
Zwenkau 66, 208
Zwochau 99, 211